NIW
영주권

NIW영주권
★ 알기 쉬운 미국이민법 ★

초판 1쇄 인쇄일 2015년 4월 20일
초판 1쇄 발행일 2015년 4월 24일

지은이 이한길
펴낸이 양옥매
디자인 이윤경
교정 조준경

펴낸곳 도서출판 책과나무
출판등록 제2012-000376
주소 서울특별시 마포구 월드컵북로 44길 37 천지빌딩 3층
대표전화 02.372.1537 **팩스** 02.372.1538
이메일 booknamu2007@naver.com
홈페이지 www.booknamu.com
ISBN 979-11-5776-034-3(13020)

이 도서의 국립중앙도서관 출판시도서목록(CIP)은 서지정보유통지원 시스템
홈페이지(http://seoji.nl.go.kr)와 국가자료공동목록시스템
(http://www.nl.go.kr/kolisnet)에서 이용하실 수 있습니다.
(CIP제어번호 : CIP2015011389)

*저작권법에 의해 보호를 받는 저작물이므로 저자와 출판사의 동의 없이 내용의 일부를
 인용하거나 발췌하는 것을 금합니다.
*파손된 책은 구입처에서 교환해 드립니다.

NIW 영주권

★ 알기 쉬운 미국이민법 ★

이한길 지음

... 이 책을 읽기 전에 ...

1. 독자들의 이해를 돕고 또 쉽게 설명하기 위하여 이민법의 원문과 한글과의 표현이 다르게 쓰인 경우가 있습니다.

   예컨대, 미국의 USCIS 정확한 번역은 미국시민권, 이민 및 서비스국이라고 하여야하나 많은 사람들이 이민국이라고 과거 용어에 익숙하여 있기 때문에 편의상 이민국이라고 하였습니다. 이민비자는(Immigration Visa) 사실상 영주권과 다를 바 없으므로 영주권이라고 하였습니다.

2. 이민법에서 미국 대사관의 영사 및 이민국의 심사관들에게 많은 재량권을 부여하고 있습니다. 같은 Case라도 영사 및 심사관에 따라서 결과가 달라지는 경우도 있습니다. 또한 이민국에서는 유권해석 및 처리지침들을 자주 바꾸기 때문에 이 책의 발간 후에 어떠한 사항이 변경될 수 있다는 점도 유의하셔야 합니다.

3. 부록 편에서 설명드릴 영주권자나 시민권자가 알아야 법률의 경우 법률 및 시행령, 시행규칙 등이 수시로 바뀌기 때문에 개정여부 등을 본인의 의사결정 전에 확인하시기를 권장드립니다.

4. 구체적인 개별적 법률문제는 개인별, 사안별로 상황에 따라서 다를 수 있습니다. 법률전문가와 개별적으로 상담하시기를 권합니다. 이 책의 내용에 대하여 법적 책임이 없다는 것을 알려드립니다.

... Prologue ...

　지금으로부터 약 4년 전, 〈영주권을 원하십니까?〉라는 제목으로 영주권에 대한 전반적인 부분을 설명한 책을 발간했습니다. 수많은 독자들로부터 어려운 이민법이 책에는 쉽고도 자세하게 설명되어 있어 많은 도움을 받았다는 이야기를 들었습니다.

　이번에는 NIW(National Interest Waive) 영주권에 관한 책을 출판해 보라는 주위의 성원에 힘입어 이 책을 발간하게 되었습니다. 많은 곳에서 NIW영주권에 대하여 중구난방으로 설명하고 있어, 일반인들이 이를 정확하게 이해하기란 거의 불가능에 가까워 보였습니다. 그리하여 '어떻게 하면 많은 분들이 쉽게 이해할 수 있을까?' 고민에 고민을 거듭한 끝에 NIW영주권에 대해 좀 더 쉽고 체계적으로 설명한 이 책을 발간하게 되었습니다.

　가급적 쉽게 설명하기 위해 노력하였고, NIW영주권 취득에 성공한 사례들을 함께 실었습니다. 그리고 궁금한 사항에 대한 답변을 통하여 실제로 NIW영주권을 쉽게 이해할 수 있도록 하였습니다. 많은 분들의 이해를 돕기 위하여 "NIW영주권"이라는 용어를 제가 처음으로 사용하였으며, 이 용어에 대한 작명도 제가 직접 하였습니다.

　영주권을 받는 방법에는 여러 가지가 있으나, 대학교수·박사·의사·체육인·예술인·음악인들에게는 손쉽게 영주권을 받을 수 있는 방법이 따로 마련되어 있습니다. 그럼에도 불구하고 이를 자세히 이해하지 못하고 시행착오를 겪고 있는 분들에게 조금이나마 도움이 되었으면 합니다. NIW는 취업이민 혹은 취업을 통한 영주권을 받는 데 있어서, 고용주(스폰서)의 필요 없이 본인 스스로 영주권을 신청할 수 있는 아주 유용한 영주권 취득 방법입니다.

　저와 우리 사무실에서는 전문적으로 NIW를 통한 영주권 취득에만 전념하고 있기 때문에 이 분야에 대하여 다른 로펌이나 변호사 사무실보다도 많은 경험과 노하우를 가지고 있습니다.

　아무쪼록 많은 분들이 좀 더 정확하게 NIW영주권을 이해하여, 이를 통한 영주권 취득에 도움이 되었으면 합니다.

2015년 5월
미국 변호사 이한길

... Contents ...

이 책을 읽기 전에 / 04
Prologue / 06

1장. 미국영주권 Permanent Residence

1) 미국영주권이란? · 014
2) 왜 영주권을 취득하려 하는가? · 016
3) 미국영주권을 취득할 수 있는 방법 · 020
   (1) 가족영주권
   (2) 종교영주권
   (3) 투자영주권
4) 갈수록 어려워지는 영주권 취득 · 024

2장. 취업영주권 Permanent Residence based on Employment

1) 취업영주권이란? · 028
2) 1순위 취업영주권(EB-1)은 누가 받을 수 있나? · 032
   (1) 특별한 능력의 소유자(EXTRAORDINARY Ability, EB-1(1))
   (2) 탁월한 교수와 연구원(EB-1(2))
   (3) 다국적 기업의 집행간부 및 매니저(EB-1(3))
3) 2순위 취업영주권(EB-2)은 누가 받을 수 있나? · 036
   (1) 학력이 높은 전문직
   (2) 특별한 능력 소유자

4) 3순위 취업영주권(EB-3)은 누가 받을 수 있나? · 037
   (1) 전문직(Professional): 학사학위가 요구되는 직업과 학위자
   (2) 숙련공(Skilled Worker): 2년 이상 경력이 있는 자
   (3) 비숙련공(Unskilled Worker): 미국 내에서 인력이 필요한 자
5) 취업영주권에서 가장 중요한 것은? · 039
   (1) 고용주와 노동허가서(L/C)
   (2) 취업영주권(취업이민) 금지 대상 업종(스케줄 B업종)
6) 취업영주권은 어떠한 취득 절차가 필요하나? · 042
   (1) 고용주의 노동허가(L/C)승인
   (2) 청원서(Petition)승인(I-140)
   (3) 영주권수속
7) 한국 사람은 몇 명이나 취업영주권을 받을까? · 046

3장. NIW National Interest Waiver 영주권

1) NIW영주권이란? · 048
2) 왜 NIW를 통하여 영주권을 받으려고 하나? · 050
3) NIW 자격요건 및 심사기준(2순위 자격요건) · 052
   (1) 자격요건 1 : Code of Federal Regulation Title 8. 204.5(K) (4)(ii)
   (2) 자격요건 2 : Code of Federal Regulation Title 8. 204.5(K) (2)
   (3) 자격요건 3 : 심사기준
4) 취득절차 · 060
5) 주된 대상자 · 062

4장. NIW 영주권 성공을 위한 3요소

1) 본인의 경력, 업적 등 특출한 능력 · 067
2) 추천서 작성 · 070
3) 변호사 커버레터 · 074
4) NIW 사례 소개 · 077

5장. 1순위 영주권 (EB-1(1))은 누가 받을 수 있나?

1) 1순위 영주권의 종류 · 082
2) NIW와 1순위 EB-1(1)의 차이점 · 084
3) 교수님들은 NIW보다 1순위를 노려라 · 084
4) 기업인, 운동선수, 예술인(음악, 미술, 연기자, 가수) · 085
5) 1순위 영주권 사례 소개 · 086

6장. J비자 웨이버 문제

1) J비자(교환연수비자)란? · 096
2) 웨이버를 왜 받아야 하나? · 097
3) 누가 해당되나? · 098
4) 웨이버 절차는? · 098
5) 웨이버를 받지 않으면 어떻게 될까? · 100
6) J비자 유의사항 · 101

7장. 변호사 선택 및 수속 비용

1) 전문변호사 · 104
2) 변호사 비용 · 107

8장. Q&A

1) NIW (National Interest Waiver) 관련 Q&A · 112
2) 1순위 EB-1(1) 관련 Q&A · 133
3) J비자 관련 Q&A · 139
4) 취업영주권 관련 Q&A · 152

부록

1. 상황별 영주권 취득 방법 · 156
2. NIW 관련 이민법 규정 · 172
3. 오바마 대통령 행정 명령 개요 · 181
4. 영주권을 받은 후 법률관계 · 184

1장. 미국영주권 Permanent Residence

1) 미국영주권이란?

미국영주권이란, '미국에 합법적으로 영구히 거주하며 일을 할 수 있다는 체류 허가증'이라고 말할 수 있다. '그린카드(Green Card)'라고도 한다. 영주권 색깔이 초록색이어서 그린카드란 말이 유래되었다.

영주권자는 일정기간(5년)이 경과하면 시민권을 신청할 자격이 부여되므로, 시민권을 취득하기 위한 예비적 단계라고도 할 수 있다. 영주권자는 시민권을 신청하지 않고 합법적으로 영구히 거주만 할 수도 있다. 그러나 영주권은 10년마다 갱신하여야 한다.

이민비자(영주권)를 받기 위해서는 일정한 자격이 필요하다. 미국 정부는 아무에게나 영주권을 주지 않고, 꼭 미국에 필요한 사람에게만 선별적으로 영주권을 준다. 즉, 시민권자(영주권자)와 가족관계가 있거나(가족영주권), 미국 사회나 기업에 필요한 사람이거나(취업영주권), 돈이 많아서 미국에 투자하여 고용을 창출할 수 있는 사람(투자영주권)에게만 영주권을 준다.

재미있는 것은 '로또이민'이라는 것이 있다는 점이다. 정식용어로는 '추첨이민'이며, 세계 각국으로부터 미국에 이민 오고자 하는 사람에게 신청을 받아서 추첨을 하여 당첨된 사람에게 이민을 허락하는 것이다. 그 이유는 미국이 국가별·인종별 다양성을 지양하는데, 미국에 이민을 오지 않는 국가들, 예를 들면 일본이나 스위스, 스칸디나비아반도의 여러 국가들의 경우 이민 신청자가 적기 때문에 이들 국가의 국민들에 대하여 특별히 신청을 받아서 복권 추첨형식으로 당첨이 되면 이민을 허락한다.

중.남미의 여러 국가들과 중국, 필리핀, 폴란드, 한국, 인도 등의 경우는 이민자가 많기 때문에 여기에 해당되지 않는다. 추첨방식에 의한 이민의 경쟁률이 100대1을 넘는다(한국 출신이라도 부모가 북한이나 일본에서 태어난 경우는 해당됨).

2012 회계연도(2011.10-2012.9)의 경우, 추첨이민에 1,500만 명이 신청하였다. 쿼터는 5만 개이다. 이들 경쟁률은 300대1이 넘는다. 북한 출신의 경우, 추첨이민의 대상이 된다. 이외에도 이민법에서 정하고있는 이민방법에는 예외적으로 정치적 망명 등 인권과 관련된

경우도 있기는 하지만, 이는 극소수에 불과하다. 중국, 이라크, 에디오피아 같은 국가 출신들의 경우, 정치적 망명을 통하여 영주권을 받는 경우가 많이 있다. 그러나 한국에서 온 사람들의 경우, 한국은 민주주의 사회로 인정받기 때문에 정치적 망명을 통한 영주권을 받기가 매우 어렵다.

2) 왜 영주권을 취득하려 하는가?

"왜 영주권을 받으려고 하는가?"
이 질문에 대한 답변은 여러 가지가 있을 수 있다. 정답이 없다. 각자의 성장 과정, 처해진 상황, 인생관 등에 따라서 대답이 달라질 수 있기 때문이다.

유학 생활이나 주재원으로 정당한 비자를 가지고 본인이 체류하는 동안에는 영주권의 필요성을 전혀 느끼지 못한다. 왜냐하면 자녀들을 무료로 공립학교를 보낼 수 있고, 비자 기간 동안 머무를 수 있으니 크게 염려를 하지 않아도 되기 때문이다. 그러나 유학이나 연수, 주재원 등을 마치고 귀국하려 할 때 또는 자녀들을 대학에 보내고자 할 때나 자녀들의 미국에서의 취업 등을 고려할 때, 영주권의 필요성을 절실하게 피부로 느낀다.

먼저, 미국에서 생활할 때 영주권이 있는 것과 없는 것의 차이점을 설명해 보겠다.

 첫째, 영주권이 없는 경우에는 비자가 만료되면 미국을 떠나야 된다. 유학생은 60일 이내에 짐을 싸야 한다. 졸업 후 미국에 머무르려면 별도의 취업비자를 받거나, 다른 비자로 바꾸어야 한다. 만일 떠나지 않으면 불법체류가 된다. 주재원도 더 이상 체류하지 못한다. 영주권이 없는 비이민비자를 소지한 사람은 미국에 체류할 수 있는 기간이 한시적이다.

 둘째, 영주권이 없으면 교육비와 사회보장 혜택을 볼 수 없다. 자녀들은 부모가 합법적인 비자를 소유하여 체류 중인 경우에만 공립 중·고등학교를 보낼 수 있다. 무료로 공립학교를 다니다가 사립학교를 다녀야 할 때, 그 학비의 부담이 피부로 느껴진다. 사립 중·고등학교의 학비는 사립 대학교 수준이다. 학교마다 차이는 있지만 연 5천만 원에서 1억 원 정도 들어간다. 또 대학 등록금은 주립대학의 경우, 영주권이 없으면 학비에 차이가 난다. 의과대학 같은 경우는 영주권이 없으면 들어가기가 쉽지않다. 영주권자는 국가에서 주는 대학 학자금 혜택을 볼 수 있으나 영주권이 없으면 신청조차 할 수 없다.

 셋째, 영주권이 없으면 직업을 구하기 어렵다. 영주권이 없는 자가 취업하려면 취업비자 등을 받아야 하고, 또 일을 할 수 없는 자를 고용하면 고용주는 벌금폭탄을 맞아야 한다. 고용주에게 엄청난 부담이 되므로, 영주권이 없는 자를 채용하려고 하지 않는다.

넷째, 영주권자는 직계가족을 초청할 수 있다. 즉 영주권자가 배우자나 미혼 자녀를 초청하면 초청된 이들에게도 영주권을 준다. 다만 시민권자에 비하여 시간이 많이 걸릴 뿐이다.

다섯째, 영주권자는 5년 후에는 시민권을 받을 수 있다. 시민권을 받으면 법적으로 미국 사람이 되는 것이다. 미국 시민이 되면 미국의 보호를 받고 모든 사회복지 혜택을 받을 수 있다. 기존의 미국 시민과 차별이 없다. 노란 머리 백인과 법적으로 전혀 차별이 없다. 선거권도 있고, 공직 선거에도 출마할 수 있다. 미국의 판사, 검사가 될 수도 있고, 장군도 될 수 있다. 능력만 있으면 미국 국회의원도 될 수 있고, 주지사도 될 수 있다. 시민권자는 범죄행위가 있어도 추방되지 않는다. 단지 하지 못하는 게 있다면, 미국에서 태어나지 않았으니 대통령 출마만 못한다.

여섯째, 본인이 영주권을 받으면 21세 이하의 자녀는 부모와 같이 영주권을 함께 받을 수 있다.

영주권을 받으면 한국 국민이면서 사실상 군대를 가지 않아도 되고, 또 한국에서는 대놓고 65세 이상은 이중국적을 인정해 주니 누구라도 기회가 있으면 영주권을 받으려고 한다. 영주권을 받은 후 시민권을 받아도 한국 국적을 가질 수 있다. 심지어 한국의 대학들은 영주권자, 시민권자들이 입학할 때 여러 가지 특별한 혜택을 주고 있다. 각 대학마다 사정은 다르지만, 장학금도 국내학생보다 더 많이 주고 대학 입학 또한 국내 학생보다 더 쉽다.

본인들의 사정에 의하여 생활기반을 미국에 둔 경우, 영주권이 있고 없고는 하늘과 땅 차이다. 미국에서 정착하려는 사람은 영주권이 없는 경우, 특히 불법체류의 경우, 지옥과 같은 생활과 다를 바 없다. 물론 미국에서 살 생각이 없고 한국에 돌아오려는 사람에게 영주권은 아이들 교육에 있어서 교육비가 적게 드는 정도의 매력뿐이지만, 아이들의 장래 문제나 미국에 정착하려는 사람은 영주권을 받는 것이 바람직하다.

영주권이 없는 불법체류자는 운전면허증 취득, 소셜넘버, 주택임차, 은행거래에 제약을 받고 취직을 할 수도 없다. 언제 체포되어 강제추방 될지 모른다. 영주권을 받음으로써 누릴 수 있는 혜택이 줄줄이 사탕이다. 그래서 많은 사람들이 영주권을 받으려고 목을 메고 있다.

3) 미국영주권을 취득할 수 있는 방법

영주권의 취득 방법은 가족영주권(결혼, 입양도 포함됨), 취업영주권, 종교영주권, 투자영주권(이민법상 취업영주권 카테고리에 있음), 기타 로또이민이라고 불리는 추첨에 의한 영주권(한국은 해당 안 됨) 외에는 없다. 그 외에 혼혈인 또는 미국기관에 장기간 근무한 경우 영주권을 주는 경우가 있으나, 극소수에 해당될 뿐이다. 정치적 망명이 있으나 한국사람의 경우 거의 인정되지 않는다. 대부분은 해당사항이 없다.

이외에 기타 방법으로 영주권을 받을 수 있다고 하면, 이것은 불법행위라고 생각하면 된다. 이민법에서 인정치 않는 미국이민, 영주권 취득은 있을 수 없다. 영주권을 쉽게 발급 받을 수 있다는 이민 브로커들의 유혹에 절대로 넘어가서는 안 된다. 위장결혼, 위장입양, 서류나 문서의 위조 등을 통한 영주권 취득은 아예 생각도 하지 말아야 한다.

이하 가족영주권, 취업영주권, 투자영주권, 종교영주권의 순으로 알아본다. 우리가 이 책에서 주로 살펴보는 것은 NIW영주권이다. NIW영주권은 취업영주권의 일종이므로 이에 대하여서는 자세하게 살펴보도록 하고, 기타 가족영주권, 투자영주권, 종교영주권에 대해 간단하게 살펴보자.

(1) 가족영주권

가족영주권이란, 시민권자(영주권자포함)가 가족관계가 있는 자를 초청할 경우 영주권을 주는 것을 말한다. 수속기간은 직계가족인지 여부, 자녀의 나이, 자녀의 결혼 여부 등에 따라 우선순위가 결정되고, 짧게는 몇 개월에서 길게는 10여 년 이상이 걸린다.

시민권자는 부모, 자녀, 형제자매까지 초청할 수 있다. 그러나 영주권자는 배우자와 미혼 자녀만 초청할 수 있으며, 직계존속(부모)과 결혼한 자녀는 초청대상에서 제외된다. 따라서 결혼한 자녀나 부모를 초청하려면 시민권을 취득해야 한다. 또 영주권자의 형제자매도 초청대상이 아니다. 이것이 바로 영주권자와 시민권자의 차이이다.

초청한다는 말은 시민권자(영주권자)가 친척을 미국에 초청하고, 초청된 친척이 영주권 받기를 원하면 영주권을 준다는 의미이다. 물론 순위에 따라서 시간의 차이는 있지만, 영주권을 주고 5년 후에는 원하면 미국 시민권도 준다. 더 쉽게 말하면, 미국의 시민권을 가진 자는 부모, 자녀, 형제자매까지 미국 시민이 될 수 있게 할 수 있다는 말이다.

그렇다면 원정출산 아이와 부모에게도 영주권을 줄까? 최근 한국에서 논란이 되고 있는 원정출산의 경우를 살펴보자. 원정출산의 문제는 한국뿐만 아니라 미국에서도 뜨거운 이슈로 부각되고 있다. 일부 미국 의원들은 미국 출생 아이들의 시민권 부여를 금지하자는 법안을 발의하기도 하고, 일부 미국 언론에서도 문제를 제기하고 있다. 한국에서는 수년 전부터 원정출산 문제가 부각되었는데, 최근에는 중국인들이 원정출산을 많이 하고 있다.

원정출산을 하여 태어난 아이는 미국 시민이 된다. 미국 헌법을 바꾸지 않는 한 이 아이는 미국 시민권자이다. 이 아이가 21세가 되어 부모를 초청하면, 부모는 6개월 내에 늦어도 1년 내에 미국 영주권을 받는다. 또 5년 후에 시민권을 취득할 수 있다.

이런 사람이 주위에 널려 있다. 원정출산을 함으로써 태어난 아이만 혜택을 보는 것이 아니라, 원정출산을 한 부모도 영주권을 받을 수 있다. 심지어 부모가 불법체류를 하여도 영주권이 나온다. 순위도 0순위다. 쿼터도 없다. 이렇게 혜택을 주니, 너 나 할 것 없이 연간 수천 명씩 원정출산을 하는 것이다. 한인 밀접 지역에서는 원정 출산과 관련된 신종사업이 등장할 정도이다. 최근 통계에 의하면 연 8천 명에 달한다고 한다. 무비자 방문으로 미국에 와서 원정출산을 하는 그 인원은 헤아릴 수 없을 만큼 많다.

(2) 종교영주권

종교영주권은 미국이민법에서 취업영주권의 한 부류로서(E-B4) '특수이민'이라고 부르며, 취업영주권과는 그 성격을 달리하고 있으나 취업영주권의 한 부류로서 규정하고 있다.

종교영주권은 비이민비자인 종교비자(R비자)와 자격조건이 유사하다. R비자를 받고 미국에 와서 종교영주권을 받는 것이 대부분이다. 종교영주권도 취업영주권과 같이 종교단체에서의 스폰서가 필요하다. 종교영주권 대상자는 안수 등을 받은 성직자 또는 성직자는 아니어도 종교직 근무자도 가능하다. 종교영주권을 받으려면 반드시 스폰서가 있어야 한다.

스폰서는 종교단체(교회, 사찰 등) 만이 가능하고 충분한 재정 능력을 보여 주어야 한다. 그리고 종교단체는 연방 국세청으로부터 비과세 법인으로 등록을 하여야 한다. 같은 종교단체에서도 교파가 다르면 거절될 수가 있다. 재정 능력이 매우 중요시 여겨지는데, 교인의 수가 많은 대형교회의 경우 헌금액수가 많아서 재정 상태를 증명하는데 큰 어려움이 없다. 이에 반해 개척교회나 교인의 수가 적은 교회들의 경우, 재정 상태의 증명이 힘들어 많은 어려움을 겪는다.

과거에는 종교영주권의 경우, 노동허가가 필요 없는 관계로 빠른 시일 내에 영주권을 취득할 수 있었으나, 최근에는 종교영주권의 심사를 강화하고 있다. 직접 이민국에서 해당 종교단체에 대한 실지 방문을 하여 실사를 한 후에 영주권 부여 여부를 결정하고 있다. 따라서 이민국에서 실사를 하지 않는 새로운 종교단체는 과거보다 더 많은 시간이 걸린다.

(3) 투자영주권

투자영주권은 외국인이 일정한 자금을 미국에 투자하여 고용을 증대시키는 경우에 영주권을 부여하는 제도이다. 1990년 이민법을 개정할 때 반영되었다. 투자영주권은 취업영주권의 부류로 이민법에 규정되어 있지만, 취업영주권과는 성격이 전혀 다르다. 스폰서가 필요 없고 취업이라는 것도 필요 없다. 연간 할당된 쿼터량은 1만 개이다. 이 중 3,000개는 이민국(USCIS)에서 지정하는 지역 센터와 연관된 Pilot Program에 투자하는 투자자에게 배정된다.

투자영주권을 채택할 때, 미국은 대내외적으로 많은 비난을 받았다. 미국이 돈 받고 영주권 장사를 시작한다는 비난이었다. 그러나 그렇게 크게 비난할 일도 아니다. 기본적으로 미국이라는 나라가 자선 사업가도 아니고, 국익을 위해서 미국에 돈을 가져와 투자하면 영주권을 준다는데 다른 나라에서 간섭할 일도 아닐 일이기 때문이다. 기본적으로 미국이민법에 흐르는 배경은 '돈 있고 똑똑하여 미국에 도움이 되는 자에게만 문호를 개방'하겠다는 것이다.

4) 갈수록 어려워지는 영주권 취득

영주권 취득이 갈수록 어려워지고 있다. 그 이유는 쿼터량이 이민법에 정해져 있어서 이민자 수를 제한하고 있고, 미국으로 이민을 가기 위해 대기 중인 사람이 많아 그 적체현상이 갈수록 길어지고 있기 때문이다. 또 하나는 취업영주권의 경우 미국의 경제 상황이 안 좋은 관계로 스폰서 구하기가 어렵고, 이에 대한 심사를 강화하여 노동허가를 받기 어려워졌기 때문이다.

미국에 오고자 하는 사람은 많다. '많다'는 표현보다는 '미어진다'는 표현이 더 적절할 것 같다. 하지만 미국에서는 일정 수 이상을 받지 않는다. 이민법(INA) 201조에서 매년 이민을 받을 수 있는 사람 수를 제한하고 있다. 이민법에 의하면, 직계가족의 가족영주권을 제외하고 매년 42만 1천 명 이상 받지 않는다. 가족영주권 22만 6천 명, 취업영주권 12만 명, 종교영주권 1만 명, 투자영주권 1만 명, 추첨영주권 5만 5천 명으로 정해져 있다.

오바마 대통령 친척도 몇 년을 기다려서 겨우 영주권을 받았다. 영주권 신청 대기자는 계속해서 밀린다. 시민권자 직계가족의 경우만 쿼터 수에 제한을 받지 아니하고 무제한적으로 받고 있는 실정이다. 매년 미국에서 받아들이는 이민자 수는 약 100만 명 수준이다. 그럼에도 불구하고 끊임없이 영주권 희망자가 밀리고 있어, 적체현상이 좀처럼 풀리지 않고 있다.

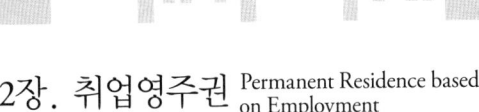

2장. 취업영주권 Permanent Residence based on Employment

1) 취업영주권이란?

취업영주권은 취업을 통하여 이민비자를 받거나(미국 외), 신분변경(미국 내)을 통하여 영주권을 취득하는 이민형태이다. 우리가 이책에서 주로 설명할 NIW을 정확히 이해하려면, 취업영주권을 반드시 이해하여야 한다. 왜냐하면 NIW는 2순위 취업영주권의 한 종류이기 때문이다.

미국 이민법(INA) 203(b)에 5개의 취업영주권 형태를 규정하고 있다. 이는 미국연방법전(U.S.C) chapter8. 1153(b)조에 규정되어 있다. 여기에는 1순위 취업영주권(EB-1), 2순위 취업영주권(EB-2), 3순위 취업영주권(EB-3), 특수영주권(EB-4), 투자영주권(EB-5)으로 구성되어 있다.

많은 사람들은 어느 누구나 취업이민을 통하여 영주권을 받고 또 미국에 취업도 할 수 있다고 생각한다. 많이 잘못 생각하고 있는 점이다.

취업영주권은 기본적으로 미국의 사업자(고용주)를 위한 제도이다. 미국의 사업자가 자기 사업을 함에 있어서 종업원(고용인)이 필요한데, 미국 내에 이러한 종업원이 없어 부득이하게 외국에서 종업원을 데려와야 할 필요성이 있을 때에 외국종업원을 데려오도록 하고 이 종업원에게 영주권을 주는 것이다. 데려올 수 있는 외국인 종업원의 수는 1년에 14만 명을 초과하지 못하도록 이민법에 명시하고 있다. 또 외국인 종업원의 자격요건을 엄격히 두고 있다.

미국에서 사업을 하는 고용주(사업주, 스폰서)가 자격이 없는 외국인을 데려오도록 한다면, 미국 정부의 입장에서는 낭패가 아닐 수 없다. 그래서 일정한 자격이 있는 사람(종업원)만 데려올 수 있도록 종업원의 자격을 엄격히 제한하고 미국의 사업자에게 꼭 필요한 사람만 받는 것이다. 또한 필요의 정도 및 종업원의 학력, 기술 수준 등을 고려하여 종업원에게 순위를 매기고 있다. 순위가 높은 사람이면 그만큼 미국에서 필요한 사람이고, 순위가 낮을수록 덜 필요한 사람이다. 미국에서 필요치 않은 사람은 아예 취업이민을 받아 주지 않는다.

취업이민을 통하여 영주권을 받으려면, 먼저 고용주(스폰서)가 있어야 한다. 미국에서 사업을 하고 있는 사업자만이 가능하다. 고용주라고 아무 외국인을 고용할 수는 없다. 업종이 허용되어야 하고, 고용주의 재정상태가 튼튼해야 한다. 취업영주권에 있어서 '스폰서'라는 용어를 일반적으로 많이들 사용하고 있다. 더 정확한 용어는 '고용주(Employer)'라고 표현하는 것이 이민법의 정확한 해석이다. 보통 '사업주'라고도 한다. 스폰서, 고용주, 사업주는 모두 같은 의미이다.

고용주가 외국인을 고용하기 위해서는 노동부로부터 사전에 노동허가를 받아야 한다. 고용주가 노동허가서(L/C)를 받기 위해서는 외국에서 종업원을 불러올 수밖에 없다는 것을 증명하여야 한다. 미국 노동부에서는 고용주가 미국 내에서 종업원을 구할 수 없다는 것을 증명해야 노동허가를 하여 준다. 이를 위하여 고용주는 일정 기간 동안 신문이나 방송 등을 통하여 구인광고를 해야 하고, 만일 구인광고를 보고 미국인이 온 경우에 미국인이 적격자라고 판단되면 이 사람을 먼저 채용하여야 한다. 미국 노동부에서는 외국 사람을 채용하기 전에 미국에서 종업원을 구할 수 있으면 미국 사람을 먼저 채용하라는 것이다.

이처럼 미국 노동부에서는 외국인을 채용하는 것보다는 미국인을 채용하여 주기를 바란다. 이러한 이유 때문에 가급적 외국인 근로자들의 미국 내 취업을 제한하려고 하고 더나아가 노동허가의 심사를 까다롭게 한다.

다시 말하면, 미국에서 사업체를 운영하는 사람이 종업원이 필요해서 신문, 광고 등을 통하여 구인광고를 했는데에도 미국내에서 종업원을 구할 수 없는 경우에만 외국인을 채용해도 좋다는 노동허가서(LC)가 나오고, 고용주가 재정상태가 튼튼하고 또 종업원이 자격을 갖추고 결격사유(불법체류, 범죄행위 등)가 없어야 종업원인 외국인에게 취업영주권이 나온다.

문제는 미국의 경제 상황이 좋지 않을 경우, 고용주가 구인 광고를 하면 지원자가 구름 떼처럼 모여든다는 것이다. 고용주는 특정 외국인을 채용하려면 이들 지원자들 개개인이 자기 사업체에 부적격하다는 것을 일일이 소명해야 한다. 고용주의 입장에서 마음에 두고 있는 특정인을 고용하여 영주권을 주고 싶은데, 노동허가(LC) 과정에서 이 절차를 모두 밟아야 하니 여간 힘들고 번잡스러운 일이 아닐 수 없다.

필자가 알고 있는 지인이 특정인(한국 사람)을 염두에 두고 취업영주권을 주려고 구인 광고를 하였는데, 미국 대학 졸업자들이 구름 떼처럼 몰려오고, 이 중에는 미국의 명문 대학을 졸업한 자들도 있었다. 노동허가(LC)를 받으려면 이들 지원자들이 부적격하다는 사실을 일

일이 소명하여야 되는데, 도저히 할 수가 없어서 포기한 경우가 있었다. 노동허가서(LC)를 받기가 이처럼 어렵다.

설사 이 어려운 과정을 통과하여 노동허가를 얻었다고 해도, 영주권을 기다리는 종업원의 입장에서는 기다려야 하는 시간이 너무 길고 고통스럽다. 취업영주권의 경우 노동허가서를 신청하면 우선일자가 부여되는데, 본격적인 영주권 심사를 하기까지는 상당한 시간을 기다려야 한다.

최근 몇 년 전만 해도 '대체 Case'라는 제도가 있었다. 이미 다른 사람이 노동허가(LC)를 받은 경우에 제3자가 대체하여 받을 수 있는 것인데, 현재 이 제도는 폐지되었다. 지금은 처음부터 노동허가를 준비하여야 한다. 또, 현재 미국에는 실업자가 많은 관계로 노동부로부터 노동허가(LC)를 얻기가 몇 년 전보다 더 까다롭고 어려워졌다. 게다가 노동허가 승인 후 6개월이 지나면 그 효력도 없다. 이미 노동허가(LC)를 받고 수속을 진행 중인 사람이라면 몰라도, 이제 처음부터 취업이민을 고려 중인 사람은 이 부분을 잘 이해하고 취업영주권 신청여부를 결정하여야 한다.

2) 1순위 취업영주권(EB-1)은 누가 받을 수 있나?

취업영주권의 쿼터는 매년 14만 명으로, 순위별로 약4만 명씩 배정되고 특수영주권(종교영주권이 대부분임)에 1만 명, 투자영주권에 1만 명을 배정하고 있다. 각 순위별 자격요건은 다음과 같이 정하고 있다.

1순위 취업영주권(EB-1)
(1) 특수능력 보유자(과학, 예술, 교육, 체육, 사업 등 분야에서 큰 공헌을 할 수 있는 능력자)
(2) 탁월한 교수나 연구원
(3) 다국적기업의 간부 또는 지배인

이런 부류의 사람들에게 미국은 항상 열려 있다. 2순위, 3순위자들에게 요구하는 노동허가서(LC)도 필요 없다. 언제든지 본인들이 미국에 이민을 가고자 하면 'OK'이다. EB-1(2), EB-1(3)은 노동허가는 필요 없으나 스폰서는 필요하다.

올림픽 금메달 수상자인 김연아 선수나, 노벨상을 받을 정도의 과학자나, 삼성그룹의 이건희 회장이나 현대자동차의 사장들이 이민신청을 한다고 가정하면, 미국의 입장에서는 언제든지 환영한다. 그러나 아무런 기술도, 재능도 없고, 돈도 없는 사람이 이민을 가고자 하면 미국에서는 "No, Thank You."라고 답한다. 가족영주권의 경우 이런 제약은 없지만, 이민자가 정부 보조금등을 받아야 하는 경우에 초청자에게 배상책임을 부담시키고 있다.

따라서 이러한 1순위 대상자들은 '미국으로부터 환영을 받는 자들'이라고 할 수 있다.

1순위 자격요건을 더 구체적으로 보면 다음과 같다.

(1) 특별한 능력의 소유자(EXTRAORDINARY Ability, EB-1(1))

미국의 예술·체육·교육·사업·과학에 큰 공헌을 할 수 있고, 국제적·국내적으로 널리 명성이 있어야 한다. 이 분야에서 구체적으로 이름을 날릴 정도의 인사라면 1순위가 가능하다. 노벨상을 수상하거나 올림픽에서 금메달을 수상할 정도의 능력을 소유한 자는 이에 해당된다고 볼 수 있다. 노동허가가 필요 없고, 스폰서도 필요 없다. 본인이 특별한 능력자라는 사실만 증명하여 신청하면 된다.

(2) 탁월한 교수와 연구원(EB-1(2))

탁월한 교수나 연구원의 경우도 1순위로 인정한다. 이 조건에는 3년 이상 교수직이나 연구직에 경력이 있고, 그 업적이나 명성이 국제적으로 인정을 받고, 대학 또는 대학연구소에서 종신직 교수나 연구원으로 있거나 교육계에서 인정받는 사설연구소에서 풀타임으로 재직 중인 경우가 해당된다.

노동허가서 (LC)는 필요 없지만, 스폰서를 서 줄 고용주(스폰서)는 필요하다. EB-1(1)보다는 자격요건이 완화된다. 노벨상을 받을 정도의 수준에는 미치지 못하는 교수나 연구원도 해당될 수 있다.

(3) 다국적 기업의 집행간부 및 매니저(EB-1(3))

EB-1(3)에 해당하는 다국적기업의 집행간부 등에 대한 취업영주권은 1순위를 부여하고 있다. 삼성전자나 현대자동차는 물론이고, 이보다 훨씬 규모가 작은 다국적 기업 간부들에게 1순위 자격을 부여하고 있다. 이민법상 집행간부 및 매니저 등을 말하는데, 실무적으로는 과장급 이상으로 부하직원이 있고 이를 통솔하고 지휘할 수 있는 위치에 있어야 한다.

왜 이들에게 1순위 취업영주권 자격을 주고 언제든지 환영할까? 그 질문의 해답은 쉽게 얻을 수 있다. 이들은 미국 경제에 도움이 된다. 미국에 지사를 설립하면, 미국에 일자리도 늘고 세금수입도 늘어나기 때문이다. 해답은 간단하다.

EB-1(3)은 비이민비자(Immigration Visa) L-1A(주재원비자)와 비슷하다. 실제로 많은 한국 기업들의 상사주재원들이 L비자(비이민비자)로 미국의 현지 법인이나 지사에서 근무 중에 EB-1(3)을 통하여 영주권을 취득하고 있다. 이 비자 해당자는 비자 신청 전 3년 중 1년 이상 외국의 유관회사에 근무하여야 한다는 조건이 있다.

미국에 있는 한국의 상사주재원들은 대부분 한국에서 1년 이상 근무한 경험들이 있기 때문에 이 자격요건을 쉽게 통과할 수 있다. 한국에서 사업을 하는 사람들의 경우, 미국에 지사나 지점 등을 설립하고 자녀들이나 친척들을 L-1A 비자를 발급받아 영주권을 취득하게 하고 있다. 실제로 많은 사람들이 그렇게 한다. 미국에서는 회사 설립이나 지사 설립의 절차가 복잡하지 않고 쉽고 간단하다.

3) 2순위 취업영주권(EB-2)은 누가 받을 수 있나?

2순위 취업영주권을 받을 수 있는 조건은 첫째, 고학력자 또는 과학·예술·경영 분야에 특별한 능력이 있는 자이다. 그리고 둘째, 석사학위 이상 소지자, 혹은 학사학위 소지자인 경우에 5년 경력, 학력이 없는 경우에는 10년 이상의 특별한 경력이 있는 자이다.

1순위자들보다는 미국의 국익이나 경제에 덜 필요하나, 3순위보다는 더 필요한 사람들이다.

먼저 스폰서가 있어야 한다. 또 노동허가가 필요하다. 뒤에서 자세히 설명하겠지만, 2순위나 3순위에서는 노동허가(LC)를 요구하는데, 취업영주권을 원하는 이민신청자는 사업체를 경영하는 고용주가 채용해 주어야 한다. 또 고용주는 사전에 노동허가(LC)를 받아야 한다. 아무리 학력이 높고 경력이 좋아도, 이 사람을 채용해 줄 고용주가 없으면 영주권을 받을 수 없다.

(1) 학력이 높은 전문직
- 미국 대학의 석·박사학위 소지자

- 미국 대학의 학사학위와 5년 이상 해당 전문 업종에서 경력 있는 자

높은 학력이 요구되는 직업은 직업 자체가 미국법상 학사 학위 이상의 특별한 직업 교육을 요구하는 변호사, 의사, 설계사, 교사, 교수 등의 전문직이다.

(2) 특출한 능력 소유자

학력은 없으나 예술·과학·경영 분야에 특별한 능력이 있는 자로, 10년 이상 관련 분야에 종사하거나 관련 교육기관에서 받은 자격증, 단체의 회원 등 특출한 능력이 있음을 증명할 수 있는 증빙 서류 등이 있으면 신청할 수 있다.

NIW는 2순위이나 특출한 능력이 있고, 몇 가지 조건에 맞으면 일단 자격이 주어진다. 그러나 이외에 미국의 국익에 필요하다는 또다른 세 가지 조건을 갖추어야 한다.

4) 3순위 취업영주권(EB-3)은 누가 받을 수 있나?

3순위(EB-3) 취업영주권은 크게 아래의 세 가지로 구분된다.

(1) 전문직(Professional): 학사학위가 요구되는 직업과 학위자

전문직종은 학사학위 이상이 요구된다. 여기에서는 한국의 학위도 인정된다. 그러나 학사학위가 있다고 해서 모두 다 전문직이라고 할

수 없다. 학위와 관련되거나 유사하여야 전문직이어야 한다. 예를 들면, 회계과를 나온 자가 회계사 사무실에 취업하고자 할 경우 전문직으로 인정될 수 있지만, 음식점 주방장으로 취업한다면 학사학위가 있다고 해도 전문직으로 인정받을 수 없다.

(2) 숙련공(Skilled Worker): 2년 이상 경력이 있는 자

숙련공의 경우, 학력 제한이 없으나 최소 2년 이상 경험을 가지고 있어야 한다. 한국에서 음식점 주방 일을 한 경우, 숙련공으로 인정받을 수 있다. 이민이 허락되는 업종에서 일한 경험이 있으면 일단 3순위 숙련공의 자격은 주어진다. 특별한 학사학위 등이 없는 경우에 많이 이용한다. 그러나 뒤에서 볼 비숙련공이나 숙련공의 경우, 이민이 허락되고 가능한 업종이라고 해도 그 대기 시간이 너무 길다.

(3) 비숙련공(Unskilled Worker): 미국 내에서 인력이 필요한 자

과거에는 숙련공이나 비숙련공이 노동허가를 받은 경우, 이를 다른 사람으로 대체할 수 있도록 하였다. 그래서 노동허가를 이미 받은 경우, 중간에 기간을 단축하여 영주권을 받을 수도 있었다. 그러나 이 제도를 악용한 예가 많아서 최근(2007년)에 이 제도를 폐지하였다. 따라서 3순위를 통하여 영주권을 받고 이민을 가려면 많은 시간을 기다려야 한다는 이야기가 된다.

5) 취업영주권에서 가장 중요한 것은?

한국의 이민 설명회에 가 보면 이주공사나 이민 알선업체 등 이민 업무와 관련되는 업체 종사자들이 이민을 원하는 사람들에게 달콤한 이야기들을 많이 한다. 미국에 취업도 하고 영주권도 받고 자녀들을 무료로 공립학교에도 보낼 수 있다고 말이다. 귀가 솔깃해진다. 직장의 앞날이 불투명하고 한국 생활이 갈수록 힘들어진다. 아이들 교육 문제도 많은 고민에 빠지게 한다. 한국 현실을 도피하고 싶어진다. 미국에 가고 싶다. 이주공사나 업체직원들의 말을 다 믿어도 되는 것일까? 과연 그럴까?

물론 계획대로 모든 일이 잘 진행되면 그럴 수 있다. 맞는 말이다. 실제로 많은 한국 사람들이 이러한 과정을 거쳐서 영주권을 받았다. 그러나 좀 더 구체적으로 영주권을 받을 수 있는 절차와 그 과정이 얼마나 복잡하고 까다로우며 시간이 소요되고, 많은 위험 요소가 도사리고 있다는 사실을 설명하여 주지 않는다. 이 과정을 충분히 이해하여야 한다. 이 과정을 이해하지 못하고 이민업체의 직원들이나 브로커들의 말만 믿고 이민을 결정한다면, 큰 어려움에 직면할 것이다. 취업영주권을 자세히 알고 시작하여야 한다.

(1) 고용주와 노동허가서(L/C)
취업영주권에 있어서 가장 중요한 것은 다음과 같다.

첫째는, 고용주(스폰서)이다.

둘째는, 노동허가서(L/C)의 취득이다.

셋째는, 시간과의 싸움이다.

종업원의 자격요건도 중요하나, 애당초 자격요건이 되지 않으면 취업영주권을 신청할 수 없기 때문에 거론조차 할 필요가 없다. 자격요건이 되는 경우에도 귀하의 취업영주권을 도와줄 스폰서 즉, 고용주가 있어야 한다. 또 고용주의 재정능력이 확실해야 하고, 또 이 고용주가 노동허가를 받을 수 있어야 한다. 이 첫 번째 산과 두 번째 산을 넘었다면, 이제 남은 것은 긴 세월을 기다릴 수 있느냐이다. 이는 곧 미국에 체류할 경우, 합법적인 체류신분을 긴 세월 동안 유지할 수 있는가를 의미한다. 본인이 취업요건의 자격이 되는 것을 전제로 말이다.

전혀 학력도, 기술도 없는 경우에는 3순위 비숙련공으로 영주권을 받을수도 있다. 그러나 기다려야 하는 기간이 길다. 최근에는 약간의 시간이 단축되었으나, 최소 몇 년씩 기다려야 한다. 기다리는 긴 세월 속에 스폰서해 준 고용주가 사망할 수도 있고, 그 사업이 파산할 수도 있다. 또는 해고 당할 수도 있다. 그러면 새로운 고용주를 구해야 한다. 그 과정이 너무 어렵다.

최근에 3순위 영주권으로 긴 세월을 기다렸던 자들이 지금에 와서 고용주들이 바뀌거나 고용의사가 없다고 오리발을 내밀어서 영주권은 고사하고 돈만 날린 안타까운 사연들이 언론에 보도된 바 있다. 소위 말하는 닭 공장, 청소용역 등 단순노무자로 취업영주권을 신청한 경우이다. 중간에 이민을 알선했던 사람은 간 곳이 없고, 고용주는 고용에 적극적이지 않아서, 기다렸던 노력이 물거품이 된 사람이 한둘이 아니다.

사전에 이러한 점을 충분히 감안하여서 의사결정을 내려야 한다. 자녀들과 가족들의 운명이 달려 있는 문제를 쉽게 넘어가지 말고, 영주권 취득 과정을 정확히 알고 결정하여야 한다. 고용주를 믿을 수 없거나 재정능력이 되지 않으면 취업영주권을 다시 생각해 보는 것이 좋다. 특히 3순위 취업영주권의 경우, 기다리는 시간을 고려하여야 한다.

(2) 취업영주권(취업이민) 금지 대상 업종(스케줄 B업종)

3순위 해당 업종 중 일부 업종을 제외하고는 모두 노동허가를 받아야 한다. 스케줄 A업종으로 미국에 절대 인력이 필요한 간호사, 물리치료사 등은 노동허가가 필요치 않다. 하지만 스케줄 B업종은 미국에 인력이 남아돌기 때문에 이들 업종에 대하여서는 이민 영주권 심사를 받아 주지 않는다. 스케줄 B업종은 다음과 같다.

주유소, 주차장, 식품점의 감시원(ATTENDANT), 가정부, 경리사원, 엘리베이터 승무원, 캐셔, 청소부, 택시 운전기사, 트럭 운전수, 타이피스트, 단순노무자, 점원, 조리사 보조원, 웨이터, 선원,

세일즈맨, 경비원 등

이들 업종 종사자들은 미국에도 많기 때문에 외국인 노동자들의 취업영주권을 허용하지 않는다.

6) 취업영주권은 어떠한 취득 절차가 필요하나?

영주권을 취득하는 방법에는 비이민비자를 받아서 일단 미국에 입국한 후 미국 내에서 신분변경을 통하여 취득하는 방법과 한국 내에서 미국대사관을 통하여 이민비자를 취득하는 방법이 있다. 어느 경우에도 이민국(USCIS)의 승인이 필요하다. 대사관은 우편배달부의 역할만 할 뿐, 칼자루는 이민국에 있다. 대사관에서도 인터뷰를 통하여 부적격자를 가려내어 이민비자 발급을 거부할 수 있으나, 극히 제한적이다.

비이민비자(Immigration Visa) 발급에 있어서 미국 대사관 영사의 역할은 대단히 크지만, 이민비자 즉 영주권 발급과 관련하여서는 이민국(USCIS)이 절대적이다. 이민국의 이민허가(Petition)가 없으면 대사관에서 이민비자(Immigration Visa)를 발급할 수 없다.

(1) 고용주의 노동허가(L/C)승인

고용주(미국사업주)가 노동부에 신청하여 승인을 받아야 한다. 이것은 취업영주권의 첫 단계이다. 앞에서 설명한 바와 같이 노동허가

(L/C) 승인은 갈수록 어려워지고 있다.

1순위와 2순위 중 NIW를 제외하고 대부분이 노동허가(L/C)를 받아야 한다. 과거에는 노동허가의 모든 요건을 갖춘 경우에도 승인서가 떨어지기까지는 2년 정도의 시간이 소요되었으나, 2005년부터 'PERM(Program Electronic Review Management)'이라는 새로운 제도를 시행하고 있다. 보통은 1년이 소요되는데, 운 나쁘게도 노동부의 감사 과정을 거치면 2년 이상이 소요되기도 한다.

노동허가는 고용주 명의로 고용주가 연방노동부에 신청한다. 신청 전에 신문광고 등의 절차를 거쳐야 하며, Eta9089(외국인 노동허가 신청서) 양식으로 신청한다. 신청 전에 노동부로부터 미리 평균 임금의 책정을 받아야 하는데, 평균 임금은 해당 외국인의 직업, 노동숙련도 등에 따라 직업별로 4단계 등급으로 나누어진다. 이 과정은 모두 고용주가 이행해야 한다.

(2) 청원서(Petition)승인(I-140)

어려운 관문인 노동허가(L/C)가 떨어지면, 고용주는 이것을 가지고 이민국 (USCIS)에 청원서를 제출한다. 지역에 따라 다르나, 평균적으로 1년 이내에 승인이 떨어진다. 빠른 경우 3-4개월 걸리는 경우도 있다. 종업원이 한국에 있는 경우에는 대사관을 통하여 통보를 받는다. 이 과정에서는 주로 고용주의 재정 상태를 점검한다. 미국의 사업주가 외국의 종업원에게 임금을 지급할 수 있는 재정상태가 되는지 확인하는 작업이다. 보통 세금 신고 시 순이익, 유동자산의 규모 등을 고려하여 판단한다. 또 이때 종업원의 자격요건을 본격적으로 심사한다.

(3) 영주권 수속

노동허가(LC)와 청원서(I-140) 승인을 받으면, 99%는 진척되었다고 보아도 된다. 이제 영주권 수속절차만 남았다. 이 수속절차는 미국 내에서 하는 경우와 한국의 대사관을 통하여 하는 경우로 나뉜다.

① 미국에서 수속하는 경우(비이민비자 신분변경) 신분조정(I-485)

청원서(Petition) 승인이 난 후 신분조정(I-485) 신청을 하고, 승인이 떨어지면 미국 내 이민국에서 인터뷰를 한다. 인터뷰에 통과되면 영주권이 바로 나온다. 서류를 완벽하게 제출하거나 운이 좋으면 인터뷰 없이 이민국 승인과 동시에 자택으로 우편을 통하여 영주권을 보내 주기도 한다(신청절차 등은 다음에 설명하는 해당 분야를 참고하시기 바람).

> ⋯▶ 신분조정(I-485)이란?
> 노동허가와 청원서를 고용주가 제출하고 승인을 받으면, 다음 단계로 마지막 영주권 심사단계에 들어간다. 종업원이 미국 내에 있을 경우, 우선일자가 풀릴 때까지 기다려야 한다. 자기 순서가 오면 신분변경(I-485)을 신청하면서 취업 승인(Work Permit)을 동시

에 신청하고, 취업 승인(Work Permit)이 나면, 종업원은 이때부터 일을 할 수 있으며, 여행허가서를 받아서 한국에 출입을 할 수도 있다. 신분변경(I-485) 절차에서 종업원이 범죄 기록이 있는지, 불법 체류한 사실이 있는지, 이민법 위반사항이 있는지를 심사한다. 종업원이 한국에 있는 경우, 관련 서류를 서울에 있는 대사관으로 보내면 대사관에서 인터뷰를 한다. 대부분의 취업영주권의 경우 90% 이상이 미국에서 신분조정을 통하여 영주권을 신청한다. 우선일자가 풀리고 자기의 순번이 되어 심사가 완료되면, 인터뷰를 하는 경우도 있고, 운이 좋으면 바로 영주권을 이민국에서 보내 주기도 한다. 최근에 취업영주권의 경우, 인터뷰 없이 바로 영주권을 우편으로 보내 주는 경우가 많다.

② 한국에서 수속하는 경우(CP 절차, 대사관을 통한 이민비자)

한국대사관을 통할 경우, 초청자나 고용주가 이민국에 청원서를 제출하여야 한다. 제출한 청원서가 승인되면, 청원자는 이민국으로부터 승인서를 받게 된다(I-797). 이민국에서 국립비자센터(National Visa Service)로 서류를 넘기면, 국립비자센터(NVC)는 쿼터 등 제한이 있는지 검토한 후 초청자(미국 거주) 및 영주권 신청자(한국 거주)에게 통보한다. 그리하여 초청자와 비자 신청자가 해당 수수료 등을 납부하면, 안내문과 서류가 있는 우편물을 서울 대사관으로 보낸다.

국립비자센터(NVC)에서 서울에 있는 미국대사관에 관련서류를 발송하면, 대사관에서는 해당 비자 신청자에게 통보하고, 신청자는 인터뷰 날짜를 예약한다. 그 사이에 신체검사 및 신원조회 서류 등을 갖춘 후 인터뷰를 한다. 결격사유가 없고 인터뷰가 끝나면 비자를 발급한다. 여기에서 실질적으로 중요한 것은 이민국에서 청원서가 승인 나는 것이지, 그 후의 국립비자센터(NVC)나 대사관에서의 절차는 기계적이다. 혼자서 모든 서류를 준비할 수도 있으나 경험이 있는 변호사나 전문가들과 상의하는 것이 바람직하다.

7) 한국 사람은 몇 명이나 취업영주권을 받을까?

2013년도에 취업영주권을 취득한 한국 사람은 약 1만 4천 명이다. 이 중 1순위는 1천 4백 명, 2순위는 약 7천 명, 3순위는 4천 9백명, 종교영주권 5백 명, 투자영주권 3백여 명이다.

과거에는 취업영주권 3순위가 2순위보다 많았는데, 지금은 2순위가 더 많다. 이처럼 2순위가 많아지는 이유는 3순위의 적체현상 때문으로 보인다. 2순위는 석사학위 이상 학력 소유자가 신청할 수 있는 자격임을 감안할 때, 많은 유학생들이 학교 졸업 후 2순위를 통하여 미국에 정착하고 있음을 보여 준다.

투자영주권의 수가 감소하고 있는 것도 눈에 띈다. 1순위를 통하여 취득한 자가 1천 명이 넘는 것은 상사주재원들의 취득이 많은 까닭이다.

3장. NIW National Interest Waiver 영주권

1) NIW영주권이란?

NIW는 'National Interest Waiver'의 약자로, 미국이민법에 규정되어 있다. 이것을 한글로 번역하면 '국가이익면제'이다. 이것만으로는 NIW영주권을 정확히 이해할 수 없다. NIW영주권을 정확히 이해하기 위해서는 앞에서 말한 바와 같이 취업영주권을 먼저 이해해야 한다.

앞에서 설명한 것을 다시 한 번 간추리자면, 취업을 통하여 영주권을 받으려면 미국의 고용주가 고용(스폰)을 해 줘야 하고, 고용을 하기 전에 고용주는 노동부의 노동허가(Labor Certification)를 받아야 한다. 대부분의 사람들이 고용주를 구하기가 어렵고, 설사 고용주를 구했다고 해도 노동부의 노동허가를 받아야 하는데, 이 허가를 받기가 무척 어려울 뿐만 아니라 많은 시간이 소요된다. 그러나 미국의 국익에 꼭 필요한 사람에게는 이러한 취업영주권(이민)을 주는데, 고용주와 노동허가를 면제해 준다. 즉, 미국에 필요한 특출한 능력(Exceptional Ability)이 있으면 고용주가 없어도 되고 노동허가를 면제해 주고 영주권을 준다.

NIW(National Interest Waiver)는 이러한 노동허가를 면제해 주므로 고용주를 찾을 필요가 없고 노동허가를 받을 필요가 없기 때문에, 영주권을 받으려는 사람은 많은 시간과 노력을 절약할 수 있다. 또 비용을 절약할 수 있다.

NIW영주권은 미국의 국가 경쟁력을 높이기 위해 1994년 이민법을 개정할 때 도입되었다. 미국의 국가 이익에 도움이 되는 고급인력에 대하여 노동허가를 면제시켜 줌으로써 이들 고급인력을 쉽게 미국에 유치하여 미국의 국가 경쟁력을 높이기 위함에서이다.

NW영주권의 자격요건 및 심사기준은 신청자가 미국의 경제 발전, 근로자의 근로조건 개선, 근로자의 교육에 대한 기여도, 미국인의 의료건강에 기여 여부, 빈곤층 주거환경 해결에 기여할 수 있는지 여부 등이 주요 고려사항이다. 특출한 능력자(Exceptional Ability)로서 미국의 국익에 도움이 될 만한 분야에서 실적이 있어야 하기 때문에 심사기준이 엄격하고 취득하기가 어렵다.

2) 왜 NIW를 통하여 영주권을 받으려고 하나?

　NIW영주권은 취업이민 2순위의 일종이라고 하였다. 왜 많은 사람들이 NIW를 통하여 영주권을 취득하려 하는가? 취업영주권을 자세히 알고 나면, NIW영주권이 얼마나 유효하고 장점이 많은지 이해할 수 있다. NIW영주권은 노동허가(LC)를 면제해 주고 또 스폰서도 필요 없기 때문에 1순위와 동일한 효과가 있다. 오히려 1순위보다 좋다고 볼 수 있다. 1순위는 노동허가를 면제해 준다. 그러나 1순위 중 EB-1(1)인 특별한 능력자는 스폰서가 없어도 되나, EB-1(2), EB-1(3)는 스폰서(고용주)가 필요하다. 본인이 혼자서 청원서를 내지 못하고 고용주가 청원서를 내야 한다. 그렇다면 NIW영주권은 어떨까? 그 장점을 자세하게 살펴보자.

첫째, NIW는 스폰서(고용주)가 필요 없다.
　모든 취업영주권의 경우, 1순위 중 특별한 능력 소유자EB-1(1)만을 제외하고 스폰서가 필요하다. 그러나 NIW는 스폰서가 필요 없다. 신청인은 JOB OFFER 없이 본인이 직접 신청할 수도 있다. 따라서 수속기간이 짧다. 취업영주권 중에 스폰서가 필요 없는 것은 NIW영주권과 1순위 중 탁월한 능력자(EB-1(1)뿐이다. 경제상황에 따라서 해고 등이 염려되고 영주권을 받을 때까지 스폰서에 구속되는 관계의 일반 취업영주권과는 달리, NIW는 그럴 필요가 전혀 없다.

둘째, NIW영주권은 노동허가(LC)를 면제해 준다.

노동허가를 받기 위해 고용주는 Job오퍼와 노동허가 절차를 거쳐야 한다. 이를 위하여 구직 광고를 해야 하므로 이에 따른 많은 시간과 비용이 소요된다. NIW는 노동허가가 필요 없으므로 고용주의 취업 제안이 필요 없고, 적정임금(Prevailing Wage) 산정 및 채용 광고(Recruitment)의 절차가 필요 없으므로 시간과 상당한 비용을 절약할 수 있다. 특히, 노동허가를 받는 데 걸리는 시간만큼 영주권 받는 시간이 단축된다.

셋째, 특정한 고용주에 얽매일 필요가 없다.

신청자는 NIW신청을 Self-Petition으로 할 수 있다. 노동허가 절차와 Job오퍼의 필요조건이 없다. 따라서 NIW신청자는 ① 같은 고용주 유지, ② 같은 일자리 유지, ③ 고용주가 파산할 경우 영주권 신청절차 종료 등을 포함하는 노동허가 절차의 엄격한 조건을 충족할 필요가 없다. 즉, NIW신청자는 노동허가의 조건충족과 영주권 신청절차 동안 본인의 취업 상태에 관련된 위험요소들에 관하여 걱정할 필요가 없다.

넷째, 비용이 들지 않는다.

투자영주권의 경우 많은 투자자금이 들어가고, 2년 기간의 임시영주권이 나오나, 2년 후에 다시 정식영주권을 받아야 한다. 이 과정에서 많은 사람이 탈락한다. 그러나 NIW는 비용이 들지 않는다.

NIW영주권을 취득하는 데 필요한 비용은 변호사 비용과 이민국 수수료뿐이다.

　이러한 여러 가지 장점 때문에 최근 들어 전문직 한인들이 NIW에 도전하고 있으며, 실제로 NIW로 영주권을 받는 경우가 많아지고 있다. 그러나 심사기준이 엄격하여 취득하기가 어렵다. 미국의 국익에 도움이 될 만한 분야에서 실적이 있어야 하기 때문이다. 이공계나 의학계의 종사자들, 예컨대 교수, 의사, 연구소 박사들에게 아주 매력적인 영주권 취득방법이다. 자녀들의 교육과 영주권에 관심이 많은 전문직들은 취업영주권보다 NIW를 이용해 보라고 권하고 싶다. 본인이 NIW를 통하여 영주권을 취득하면 동반가족 배우자나 21세 미만의 자녀에게도 영주권이 나온다.

　최근에 한국의 교수, 박사, 의사들이 많이 신청하여 영주권을 받고 있다. NIW에 유망한 직종은 의사 등 건강관련 종사자나 생명공학, 제약분야, 방위산업, IT산업 등에 종사하는 사람들이다. 예술, 운동 등에 종사하는 분들도 도전해 볼 수 있다.

3) NIW 자격요건 및 심사기준(2순위 자격요건)

　NIW로 영주권을 받을 수 있는 유망한 분야로는 경제, 예술, 과학, 의학 등이 있다. 이 분야에서 미국의 국익에 도움이 될 수 있는 특출한 능력(Exceptional Ability)이 있어야 한다. NIW영주권을 통해 영주권을 취득하려면, 반드시 고학력일 필요는 없고, 10년 이상 경력의 전문 분야 종사자로서 특출한 능력(Exceptional Ability)을 지니고 있고 이민법에서 규정한 7가지 요건 중 3가지만 갖추면 일단은 NIW자격이 된다. 아래에서 자세히 살펴보겠다.

(1) 자격요건 1 : Code of Federal Regulation Title 8. 204.5(K) (4)(ii)

미국 NIW영주권의 해당 분야로는 과학·예술·사업 분야이고 신청자는 일반인들보다 특출한 능력(Exceptional ability)을 지니고 있어야 한다고 이민법에서 규정하고 있다(You must be able to show exceptional ability in the sciences, arts, or business. Exceptional ability "means a degree of expertise significantly above that ordinarily encountered in the sciences, arts, or business.").

그러나 실질 적용에 있어서 AAO에서는 다음과 같은 분야에까지 적용하고 있어 사실상 전 분야에 해당된다고 할 수 있다. 즉, 어떠한 분야에서도 특출한 능력이 있다고 인정되면 모두 NIW 자격이 있다고 볼 수 있다.

첫째, 미국 경제의 발전에 도움이 되는 분야(Improving the U.S. Economy)

둘째, 미국인의 건강을 증진시킬 수 있는 분야(Improving health Care)

셋째, 미국 교육과 직업훈련 프로그램의 발전에 도움을 줄 수 있는

분야(Trairing and educational programs)

넷째, 미국의 빈곤자들을 위한 주택 문제의 해결에 도움이 되는 분야
(Creating more housing solution for the poor, elderly and children)

다섯째, 미국 내 노동자의 근로조건을 개선시킬 수 있는 분야
(Improving wages and working conditions of U.S. workers)

여섯째, 미국의 환경에 기여할 수 있는 분야(Improving the environment of the U.S., and making more productive use of natural resources)

일곱째, 미국의 정부 당국의 요청(A request from an interested U.S. government agency)

미국 이민법에서는 과학·예술. 사업분야라고 한정하고 있지만, 위에서 본 바 와 같이 거의 전 분야에 걸쳐서 인정된다. 어느 분야에 종사하는 특출한 능력자는 위의 분야 중에 하나라도 해당되지 않는 사람이 없다. 사실상 모든 분야가 NIW에 해당된다고 볼 수 있다.

(2) 자격요건 2 : Code of Federal Regulation Title 8. 204.5(K) (2)
특출한 능력(Exceptional Ability)을 증명하기 위하여서는 신청자는 다음 기준 중 3가지 이상을 갖추어야 한다.

1. An official academic record showing that the alien has a **degree**, diploma, certificate or similar award from a college, university, school, or other institution of learning related to the area of

exceptional ability.

2. Evidence in the form of **letter(s) from current or former employer**(s) showing that the alien has at least ten years of full time experience in the occupation for which he or she is being sought.
3. A **license** to practice the profession or certification for a particular profession or occupation.
4. Evidence that the alien has commanded a **salary or** other **remuneration** for services, which demonstrates exceptional ability.
5. Evidence of **Membership** in professional associations.
6. Evidence of **recognition** for achievements and significant contributions to the industry **or** field by peers, governmental entities **or** professional or business organizations.
7. Other comparable evidence of eligibility is also acceptable.

즉, 아래의 일곱 가지 요건 중 세 가지 이상을 충족시켜야 한다.

1. 신청인이 특출한 능력이 있는 분야와 관련 있는 대학교 또는 다른 교육기관에서 받은 학위, 증명서, 상장 등
2. 해당 직업에서 최소 10년 이상의 근무한 고용주의 증명서(편지)
3. 해당 업무 수행에 필요한 자격증이나 면허증
4. 특출한 능력을 증명할 수 있는 급여수준이나 실적
5. 전문적인 단체의 회원 증거서류

6. 정부 기관, 전문 또는 사업단체, 동료들로부터 해당 분야에 큰 기여를 하였다는 증거서류
7. 기타 능력을 인정할 만한 증거서류

(3) 자격요건 3 : 심사기준

위의 자격만 있다면 모두가 NIW영주권을 취득할 수 있는 자격에 해당된다. 그러나 자격이 된다고 해서 모두에게 영주권을 주는 것은 아니다. 위의 자격요건 1과 2에 해당되는 사람은 수도 없이 많다. 이것만 있다고 하여 NIW영주권을 주지는 않는다. 다음에서 설명할 가장 중요한 세 가지 추가 조건을 갖추어야 한다.

그동안 미국 이민법에서 NIW에 대한 정확한 기준이 없었다. 즉 미국 이민법에는 위에서 설명한 기준 1과 기준 2만 있고 다른 규정이 없다 보니, 이를 심사하는 이민 심사관의 재량에 의해 승인 여부가 결정되어 왔다. 사실상 위의 자격기준에 해당하는 사람들은 수없이 많고 웬만한 2순위 자격자는 모두 해당된다고 할 수 있다. 따라서 심사관의 재량이 많은 영향을 미쳐 왔던 것이 사실이다.

그러나 1998년 8월, AAO(Administrative Appends Office)가 뉴욕주의 교통국(Dept. of Transportation) 사례의 판결문을 통해 NIW의 세 가지 승인 조건을 다음과 같이 구체적으로 명시하였다. 따라서 미국 NIW영주권을 성공적으로 진행하기 위해서는 다음의 세 가지 조건을 추

가로 충족 하여야 한다. 그러나 이 세 가지 심사기준도 많은 부분이 추상적이어서 아직도 상당 부분 심사관의 재량에 따라 결정되고 있다. 좀 더 정확한 설명을 위하여 AAO에서 발표한 영문 원본을 참고하기 바란다.

1. The beneficiary must seek to work in an area of substantial intrinsic merit;
2. The beneficiary's work must have a benefit which will be national in scope;
3. The beneficiary must serve the national interest to a substantially greater degree than would an available U.S. worker having the same minimum qualifications. The national interest would be adversely affected if a labor certification were required for the beneficiary.

구체적인 내용은 다음과 같이 요약될 수 있다.

첫째, 신청자의 전문 분야는 실질적으로 고유한 가치(Intrinsic Merit)가 있어야 하고,
둘째, 신청자의 업적이 특정지역이 아닌 미국 전역에 걸쳐 영향을 미쳐야 하며,
셋째, 신청자는 미국근로자보다 미국국익에 더 도움이 되고, 신청

인에게 노동허가서를 받도록 하는 것이, 미국의 국익에 반하는 경우이다.

이것을 좀 더 자세히 알아보도록 하자.

① 실질적인 고유가치(Intrinsic Merit)
영주권 신청자가 종사하는 직업과 연구 분야에는 실질적인 고유가치가 있어야 한다. 이 말은 추상적이고 막연한 이야기이다. 어느 분야이든 실질적인 고유가치(Intrinsic Merit)가 없는 분야는 없다. 모든 분야는 다 나름대로 실질적인 고유가치가 있다. 법률적으로나 사회 도덕 통념상 인정되지 않는 범죄행위 등을 제외하고는 직업적으로 종사하는 모든 분야는 실질적인 가치를 지닌다. 다행히도 이민국에서도 이 부분은 너그럽게 해석한다. 대부분 분야는 실질적인 고유가치가 있다고 인정한다.

② 신청자의 업적이 특정지역이 아닌 국가 차원의 이익에 영향을 미쳐야 한다.
NIW영주권 신청자의 연구활동이나 전문 분야가 한 지역(Local)이 아닌 국가(National) 전체 차원으로 미국 국익에 도움을 주어야 한다. 이 부분도 이민국에서는 다소 관대하게 해석한다. 직접적인 전국 규모의 국가 이익이 아니라 간접적인 이익도 미국 전체의 국익에 도움이 된다고 해석하는 것이다. 예컨대, 미국의 뉴욕주에 있는 다리를

건설하거나 시설을 유지하는 경우에도 다른 주의 차들이 이 다리를 통행하여 이익을 볼 수 있으므로 전국적인 국가 이익이라고 해석하고 있다.

그러나 단순한 2중언어로 대학에서 상담사로 활동하거나, 농촌지역 등에서 2중언어 특수교사로 활동하는 것 등은 전국적으로 보지 않는다.

③ 노동허가를 면제해 주는 것보다 미국의 이익이 많다(Waiver of the Labor Certification Requirement).

이 부분이 가장 중요한 핵심이다. 특출한 능력(Exceptional Ability)이 있는 외국인을 전문 분야에서 일하도록 하여 미국이 받는 국가 이익이, 노동허가를 받게 하여 미국인을 보호하는 것보다 더 미국의 국가 이익에 도움이 되어야 한다. 이 부분도 너무나 추상적이고 막연한 내용이다. 또한 이것의 기준이 구체적으로 나와 있는 규정이 없다. 그리고 이것을 구체적으로 어떻게 증명하라는 규정 또한 없다. 다만 판례 상으로 나와 있는 것을 유추하여 보면, 외국인이 그 분야에서 특별한 능력이 있고 미국의 국익에 큰 도움을 줄 거라는 증거를 제출해야 한다.

주로 NIW신청자의 그동안 연구분야의 실적과 업적, 이것들이 중요한 점, 이것들이 미국의 국가 이익에 도움이 된다는 것을 중점적으로 부각시켜야 한다. 이와 같은 사실을 증명하기 위해 논문, 학회참석, 특허, 수상기록, 언론보도 등 증거서류를 내야 한다. 이를 보충하기 위하여 그 분야에서 저명한 전문가의 추천서를 받는 것이다. 신청자는 그동안 어떤 중요한 연구실적이 있고 어떤 중요한 역할을 했으며, 신청자가 이러한 연구활동을 할 수 없으면 미국의 국익에 반한다는 내용의 설명을 충분한 증거서류와 함께 제시해 주어야 한다. 이러한 이유 때문에 NIW신청자에게 노동허가서를 요구하는 것이 적절치 않음을 설명해야 한다.

NIW영주권에서는 이 부분이 핵심이고 가장 중요한 열쇠이다. 이 부분을 근거자료, 통계치, 증거서류 등과 함께 논리적으로 NIW영주권 신청자가 꼭 미국에 필요하다는 것을 증명해야 한다.

4) 취득절차

NIW자격요건에 해당하는 사람이면, 다른 취업이민이나 투자이민 등을 고려할 필요 없이 바로 NIW영주권을 신청하는 것이 바람직하다.

NIW영주권의 취득절차는 위에서 설명한 제2장 "취업영주권"의 "6)취득 절차"와 크게 다르지 아니하다. 다만, 노동허가서가 필요 없으니 시간과 절차가 많이 단축된다. 또 스폰서를 구하려고 노력할 필요도 없다. 다시 한 번 간단하게 살펴보자.

(1) 청원서 승인

신청자는 'I-140'이라는 청원서를 작성하여, 바로 이민국의 승인을 받아야 한다. NIW는 고용주, 스폰서가 필요 없으므로 스스로 청원서를 제출할 수 있다.

다른 취업이민의 경우, 신청자가 스스로 청원서를 제출하지 못한다. 고용주가 노동허가 승인서와 같이 제출하여야 한다.

(2) 영주권 수속절차

NIW영주권에서 가장 중요한 것은 이 청원서를 승인받은 것이다. 이것만 승인받으면 거의 영주권을 받을 수 있다. 이 청원서 승인을 받는 것이 핵심이다. 그 이후는 영주권 수속절차이다.

청원서를 승인받은 사람 중 범죄행위자, 전염병자, 미국에서 간첩행위 등과 같은 관련 범죄행위 등만 없으면 영주권이 나온다. 즉, 이민법에서 규정한 결격사유만 없으면 영주권을 받는다는 것이다. 영주권을 받기 위한 수속절차는 제 2장의 "6)취득절차"에서 설명한 것과 같다.

이를 간단하게 다시 설명하면, 미국에 현재 체류 중인 사람은 'I-485'라는 서류를 제출하여 미국에서 영주권을 받고, 한국에 있을 경우에는 대사관을 통하여 인터뷰를 한 후 이민비자를 받고 미국에 입국하면 집으로 영주권이 배달되어 온다.

5) 주된 대상자

　NIW영주권 취득에 성공하는 분들은 대부분은 이공계 계통 종사자이다. 또 90% 이상이 박사학위를 가지고 있으며, 관련 연구실적 등이 많이 있다. 그러나 박사학위가 없어도 가능한 경우도 있고, 이공계가 아닌 인문·사회계열도 간혹 있을 수 있으나, 미국 국익에 필요한 사람이라는 것을 증명하기가 쉽지 않다.

　좀 더 정확한 이해를 위해 지금까지 어떤 분야의 전문가들이 NIW영주권을 취득하고 있는지를 살펴보면, 주로 교수, 연구원, 과학자(석사·박사학위를 소지한 연구원, 박사과정, 포스닥 과정 연구원 포함), 컴퓨터 분야 종사자, 의사, 경영인, 컨설턴트, 금융계 전문인, 음악·미술 등 예술인, 건축사 등이 이에 해당한다.

　한국인들의 NIW 승인 사례가 박사급 연구원들로 치중되어 있는 반면, 많은 외국인들이 예술인, 경영인 컨설턴트, 컴퓨터 분야 등에서 의외로 자신들만의 독특한 업적을 부각시켜 NIW를 통해 영주권을 취득하고 있다.

　다음에 설명할 1순위 EB-1(1)의 경우, 그 심사기준과 조건은 약간 다르나 NIW와 유사한 부분이 대단히 많다. 대학교수님들의 경우 연구 실적이 많고, 개인적으로 각 정부기관이나 산하단체 등에 위원회

위원자격으로 심사위원이나 평가위원, 학회 편집위원 등으로 참여하는 경우가 많다. 그리고 언론에 노출되거나, 본인들의 저서들이 있는 경우가 많으며, 수상기록 등이 많다. 이와 같은 경우에는 NIW를 통한 영주권 취득방법도 좋지만, 뒤에서 설명할 1순위를 통한 영주권 취득이 더 좋은 경우도 있다.

이공계가 아닌 대학교수의 경우, NIW는 다소 어렵더라도 1순위로 도전하면 가능성이 크다. 본 변호사는 경력이 오래된 교수님들에게는 가급적 1순위를 권하고 있다.

4장. NIW영주권 성공을 위한 3요소

NIW영주권의 성공 요건은 신청자가 특출한 능력이 있음(Exceptional Ability)을 보여 주어야 하고, 신청자가 미국의 국가이익에 도움이 된다는 것을 증명해야 한다. NIW영주권을 성공적으로 받기 위하여서는 다음의 3가지 요소가 아주 중요하다.

첫째, 신청자의 경력과 업적등, 신청자의 자격이 중요하다.
즉, 신청자의 경력과 업적이 다른 사람보다 특출하여야 한다. 무엇보다 신청자의 특출함을 보여 주어야 한다. 이를 보여 주는 요인들로는 다수의 논문과 이에 따른 Citation 횟수, 전문 분야에서의 수상 여부, 전문 분야 면허증, 유명한 단체 회원 또는 해당 전문 분야에 기여한 업적을 나타내는 자료 등 이다.

둘째는, 신청자의 특출한 능력을 증명해 주는 해당 분야의 전문가

추천서가 필요하다.

해당 분야 전문가가 신청자의 특출한 능력을 객관적으로 증명해 줄 수 있는 추천서가 아주 중요한 역할을 한다. 스펙이 확실한 경우는 추천서가 필요 없는 경우도 있다. 그러나 대부분의 경우, 그 분야에서 두각을 나타내는 전문가의 추천서가 있다면 도움이 된다.

셋째, 변호사 커버레터이다.

신청자의 업적과 경력, 전문가의 추천서, 이를 뒷받침하는 증거서류를 가지고 왜 신청자가 특출한 능력자이고 미국 국익에 필요한 사람인지를 논리 있게 설명하는 것이 변호사 커버레터다. 이것이 대단히 중요하다. 여기에서 결정적으로 변호사의 경험과 노하우, 실력이 나타난다.

이번 장에서는 위의 세 가지 요소를 좀 더 자세히 설명하겠다.

1) 본인의 경력, 업적 등 특출한 능력

신청자의 업적과 경력이 중요하다. 무엇보다 신청자가 특출한 능력(Exceptional Ability)을 갖추어야 한다. 신청자는 그동안 전공분야에서 이룬 업적, 실적 등이 있어야 한다는 이야기다. 이를 위해서는 신청자의 논문과 이에 따른 Citation 빈도, 전문 분야에서의 수상 여부, 전문 분야 면허증, 출원한 특허, 저명한 단체 회원 또는 해당 분야에 기여한 업적, 국제적으로 신청자의 업적과 경력에 대한 자료들이 필요하다.

아무리 변호사가 커버레터를 잘 쓰고 능력이 있다고 해도, 그리고 추천서를 수없이 많이 받았다 해도, 객관적으로 증명할 수 있는 업적, 실적 등 신청자에게 특출한 능력이 없으면 NIW영주권을 받을 수 없다.

미국 NIW영주권 신청자의 특출한 능력을 나타낼 수 있는 증거자료들에는 다음과 같은 것들이 있다.

1. 신청자의 논문이나 저서, 논문인용(Citation)수
이민국에서 NIW를 심사할 때 논문 수와 그 인용 수, 그동안의 그 분야에 대한 업적, 추천서 등을 종합적으로 판단하기는 하나, 가장 중요하게 생각하는 것은 논문 수와 인용 횟수이다. 그러나 논문 수와 인용 횟수가 적다고 하더라도 그 분야에 특별하게 기여한 부분이 있다면, 다소 어렵더라도 승인받을 수 있다.

2. 신청자의 전문 분야에서 얻은 수상경력, 자격증, 감사장
신청자가 해당 전문 분야의 학회나 정부 또는 정부단체들로부터 받은 수상기록은 큰 도움이 된다.

3. 신청자의 전문 분야에서 다른 사람의 연구를 평가 심사하는 자격

(각종 위원회 위원, 평가위원, 저널 리뷰어)

학회의 논문심사위원, 각종 정부기관등에 심사위원, 평가위원 등으로 참석한 경력은 NIW영주권 취득에 도움이 된다.

4. 특허수, 상업화된 특허

특허를 받은 건수도 유용한 도움이 된다. 특히 특허가 상품화되거나 실용화되었다면 금상첨화이다.

5. 신문, 방송출연

신문, 잡지, TV 방송, 라디오 방송 등에 출연한 기록 등은 도움이 된다.

6. 연구 프로젝트 참여 (정부, 연구기관, 민간업체 등)

정부나 연구기관 등에 프로젝트나 연구에 참여한 실적 등이 있으면 도움이 된다.

7. 신청인의 전문 분야에 단체의 멤버십(Membership)

신청자가 학회나 연구단체에 가입하여 적극적으로 활동한 것은 도움이 된다.

8. 학위 증명서

석사·박사 학위는 도움이 된다. 만일 석사·박사 학위가 없어도, 특출한 능력이 있음을 증명하면 가능하다.

9. 기타 다른 증거서류(신청인의 업적을 나타낼 수 있는 것)

각종 자격증, 공인 인증서, 기타 신청자가 특출한 능력이 있음을 나타낼 수 있는 증거서류는 도움이 된다.

2) 추천서 작성

추천서 작성은 중요하다. NIW나 Eb-1은 추천서를 작성하는 일이 제일 힘들다. 물론, 스팩이 아주 좋은 경우에는 추천서가 필요 없는 경우도 있다. 그러나 경험으로 미루어 볼 때, 가급적 추천서를 받는 것이 좋다.

특출한 능력(Exceptional Ability)을 증명하기 위해서는 본인의 업적을 증명할 수 있는 여러 가지 위에서 제시한 증거자료들을 제출한다. 그러나 이것만으로 부족할 때, 신청인의 능력을 증명하기 위해 추천서를 활용한다. 예컨대, 학위를 받은 지 얼마 안되고 연구를 본격적으로 시작한 지 얼마 안되어 논문 인용 횟수가 현저히 적은 경우가 많이 있다. 이때에는 그 분야의 저명한 (또는 이미 검증된) 학자들에게 추천서를 받아 간접적으로 NIW의 자격 요건을 증명할 수 있다. 또, 최근에 아주 중요한 사실을 발견하여 중요한 논문을 발표하였는데, 인용 횟수가 적은 경우에는 추천인의 추천서를 통하여 신청인의 특출한 능력을 증명할 수 있다.

추천인 몇 명, 누가 좋은가?

추천인은 5-6명 정도가 적당하며, 가급적 모르는 제3자로부터 받는 것이 좋다. 왜냐하면 제 3자로부터 받는 추천서는 판단기준에 대한 객관성을 높여 주기 때문이다.

추천인은 그 분야의 전문가여야 한다. 대체적으로 교수, 연구소 연구원, 정부관련 종사자, 연구소 동료 연구원 등이 추천인이 된다.

어떤 내용이 들어가나?

추천서는 추천서안에 담겨 있는 추천 내용이 중요하다. 어떠 어떠한 중요한 일이나 업적을 이루어 냈다는 구체적인 내용이 있어야 한다. 추천서 개수보다는 실질적인 내용이다. 업적이 구체적으로 나타나야 한다. 단순하게 '훌륭하다, 업적이 대단하다'는 수식어는 큰 의미가 없다. 구체적으로 어떤 분야에 무슨 업적이 있다고 설명해야 한다.

대부분 신청자들이 작성하여 온 추천서들을 살펴보면 많은 추천서가 초점을 잃고, 뜬구름 잡는 이야기가 많다. 이런 추천서는 큰 도움이 안된다. 추천인이 유명한 사람인가의 여부는 크게 중요하지 않다. 물론, 가급적 유명한 사람이 작성한 추천서면 좋을 수 있으나 더 중요한 것은 추천인이 유명한 사람이냐의 여부보다는 신청인이 어떤 업적이 있느냐의 그 내용이 더 중요하다. 대부분 추천인들은 신청자들이 추천서를 써 오면, 읽어 보고 사인만 한다. 그중에는 추천인이 직접 자세히 작성하는 경우도 있다.

누가 작성하나?

추천서는 추천인이 작성한다. 이는 너무나 당연한 이야기이다. 그러나 대부분 추천인들이 바쁜 사람들이다. 추천인에게 처음부터 모든 것을 작성해 달라고 하기엔 부담이 간다. 따라서 대부분의 경우, 추천서를 준비하는 사람이 초안을 작성하고 추천인에게 주면, 추천인이 수정하거나 또는 단순이 사인만 하여 주는 경우가 대부분이다.

주의하여야 할 사항은 일부 변호사 사무실이나 이민관련 업체에서는 추천인을 알아서 찾아주고, 또 추천서 내용까지 작성해 준다고 한다. 게다가 일부 신청자는 변호사에게 추천인까지 알아서 다 해달라고 이야기하는 경우가 있다. 절대 있을 수 없는 일이다. 각 사람마다 연구분야가 다르고 연구업적, 경력이 다른데, 또 수천 수만 가지 전공이 다른데, 어떻게 변호사가 추천인을 구체적으로 추천할 수 있겠는가? 게다가 추천받을 내용까지 적는 것은 불가능하다. 본인의 연구실적과 본인의 전공 분야는 본인이 가장 잘 안다. 변호사는 만능이 아니다. 절대 알 수가 없다.

우리 사무실에서도 추천서 작업을 도와주고 있다. 먼저 의뢰인이 본인의 업적을 자세히 한글로 써 오면, 이분의 경력과 논문 등을 검토하여 추천서에 추가되면 좋을 내용을 조언한다.

변호사는 추천인에 대한 일반적인 사항 외에는 구체적인 추천인을 추천할 수 없다. 추천인을 의뢰인이 결정하고 추천내용의 윤곽이 잡히면, 변호사는 추천서 초안의 작성을 도와준다. 이때 전문용어나 전문 분야는 의뢰인의 협조가 필수적이다. 변호사가 처음부터 끝까지 다 할 수는 없다.

참고로, 필자가 영주권 취득을 도와준 교수님께서 같은 대학 동기이고, 현재 같은 대학에서 같은 과목 교수로 계신 분을 소개하셔서 도와준 적이 있다. 같은 대학, 같은 과목 교수인데에도 불구하고, 각자의 세부 연구분야가 다르다 보니 추천서 내용과 추천인이 전혀 다른 내용, 다른 사람이었다.

결론적으로 설명하자면, 추천서 작업은 변호사가 초안 작업 등을 도와줄 수는 있지만, 추천인 선정, 추천서에 담을 내용 등 가장 중요한 일은 신청자의 몫이다. 왜냐하면 신청자가 본인의 연구실적과 업적 등을 가장 잘 알기 때문이다.

여기에서 중요한 것은 추천서를 작성할 때, 변호사가 추천서 초안 작성의 작업을 도와줄 경우, 신청자는 신청자와 추천인과의 관계,

추천인의 영문 CV, 추천받고자 하는 내용, 의뢰인의 업적 등을 변호사에게 자세히 알려주어야 한다는 점이다. 또 전문적인 부분에는 신청자의 협조가 필요하다. 이러한 기본적이고 자세한 자료를 변호사가 알지 못하면, 변호사는 추천서 초안을 작성할 수 없다.

일부 신청자가 사전에 변호사의 도움없이 미리 작성해 오는 경우도 있다. 이런 경우 대부분 변호사가 다시 손을 보아야 하는 경우가 많다. 변호사의 도움이 없이 만든 추천서는 천편 일률적이고 내용에 알맹이가 없다. 그저 뜬구름 잡는 이야기와 수식어로 나열되어 있다. 이런 추천서는 100장을 써도 효력이 없다. 다시 한번 강조 하면 추천서에는 피추천인의 업적을 나타내는 내용이 들어가야 한다. 추천서를 다 작성하였다면, 일을 거의 마무리한 것이다.

3) 변호사 커버레터

신청자가 특출한 능력자라는 사실을 증거서류와 함께 이를 논리 있게 설명하는 것이 '변호사 커버레터' 이다. NIW로 영주권 신청 시에는 서류 작업을 통해 신청인이 미국의 국익에 도움이 된다는 사실을 입증해야 한다. 아무리 신청자의 이력과 경력이 좋더라도 이를 이민법규정에 맞게끔 논리적으로 자세하게 설명하지 못하면, 이민국 심사관을 설득하기 어렵다. 따라서 반드시 경험이 많은 전문 변호사를 통해 신청하는 것이 매우 중요하다.

NIW에서 제일 중요한 것은 신청자의 업적과 실적이고, 그다음으로 중요한것은 변호사가 작성하는 커버레터이다. 이 커버레터에 신청자가 왜 NIW에 해당되는지, 어떤 업적이 있는지, 왜 미국의 국익에 도움이 되는지를 설명해 주어야 한다.

어떤 분들은 추천서에 목매고 있고, 심지어 유력한 사람이나 몇 명 이상, 또는 외부 추천인이어야 한다는 이야기들이 많다. 물론 경우에 따라 맞는 말이다. 그러나 추천서보다 더 중요한 것은 커버레터이다. 커버레터 작성 방법도 변호사마다 제각기 다 다르다.

커버레터 쓰는 형식이나 방식은 없다. 그저 심사관이 잘 이해할 수 있도록 쓰면 된다. 정답이 없다. 이 때문에 변호사들도 커버레터를 작성하는 노하우가 다 다르다. 서로 친한 변호사끼리도 공개하지 않는다. 자기만이 가지고 있는 노하우이기 때문이다. 커버레터 분량은 대략 15-20장 정도이다.

이민국 심사관은 신청자가 제출한그 많은 자료 중에 읽어 보지 않는 것도 많다. 그러나 커버레터만은 반드시 읽어 본다. 이것을 어떻게 요령 있게 표현하여 심사관이 쉽게 이해하고, 증거서류를 알아볼 수 있게 하는 것이 초점이다.

커버레터를 쓰는 요령은?

NIW는 프리미엄 수속이 없다. 따라서 빠르게 승인받이기를 원하면 커버레터를 요령 있게 잘 써야 한다. 빠르게 승인받을 수 있는 요령을 설명하면, 다음과 같다.

첫째 비결은 커버레터를 작성할 때 심사관이 커버레터를 두 번 읽지 않게 하여야 한다는 것이다. 심사관은 한 case 승인 여부를 결정할 때 30분 이상 소요하지 않는다. 항상 시간에 쫓긴다. 따라서 한 번만 읽도록 해야 한다.

둘째 비결은 그 많은 증거서류를 심사관이 찾기 쉽고 알기 쉽게 정리하여 제출하여야 한다. 심사관이 커버레터를 읽으면서 증거서류를 찾고, 다시 읽으면서 증거서류를 찾게 하면 짜증이 나고, 설사 승인한다 해도 시간이 걸린다.

셋째 비결은 커버레터 하나하나, 증거서류 하나하나에 정성이 있어야 한다는 것이다. 정성을 기울인 Case와 대충 제출한 Case는 한눈에 표가 난다. 스펙이 좋고 훌륭한 Case라도 증거 찾기가 힘들고, 정성이 기울어져 있지 않으면 설사 승인된다 해도 시간이 지연될 수밖에 없다.

4) NIW 사례 소개

우리 사무실에서 처리한 사례 중 인상 깊었던 것들을 블로그나 다른 곳에 글을 쓴 적이 있어, 참고로 소개한다.

사례 1) 대학부속병원 내과전문의

NIW 승인 소식입니다(20일 만에 승인되었습니다).

페티셔너는 현재 한국에 근무하는 의사이고, 전공은 내과전문의입니다. 논문 Sci급 9편, 한국논문 10편, 인용횟수 100회 이상입니다.

NIW는 프리미엄 수속이 없음에도 빠르게 승인이 되었습니다. 정확히 20일 걸렸습니다.

지난번에 빠르게 승인 받을 수 있는 요령에 대하여 설명드린 바가 있습니다. 다시 한 번 말씀드리면, 첫째 비결은 커버레터를 작성할 때 심사관이 레터를 두 번 읽지 않게 하여야 한다는 점입니다. 가급적 정성을 다하여 증거를 수집하고, 커버레터에 정성을 담고, 증거서류를 찾기 좋게 제출한다면, 모든 분들에게 빠른 시간에 좋은 결과가 있을 겁니다.

모든 분들에게 좋은 소식이 있기를 기대합니다.

사례 2) 지방에 병원을 개업한 의사

이분은 지방의 의과 대학을 졸업하고 재활의학을 전공한 후, 지방에 병원을 개업한 상황이었습니다. 그러나 박사 학위는 없었고, 논문도 거의 없이 한국 논문만 몇 개 있는 상황이었습니다. 그러나 이분은 재활과 관련하여 여러 건의 특허를 보유하고 있었습니다.

박사 학위가 없고 SCI급 논문도 전혀 없는 상황에서, 또 최근 의사들에 대한 청원서 거부율이 높아지는 점을 감안하여서, 이분의 Case를 수임할지 여부를 놓고 망설였습니다. 그러던 중 이분의 특허가 실용화된 점, 여러 건의 특허가 있다는 점을 감안하여 이 부분을 중점적으로 부각하면 가능성이 있을 것으로 판단하여, 추천서와 증거서류를 수집하였습니다.

변호사 커버레터에는 이분의 많은 수술 건수와 특허상품이 재활의학에 큰 기여를 하고 환자들에게 큰 도움이 된다는 사항을 자세하게 설명했습니다. 더불어 미국의 현재 상황을 설명하면서, 이분이 미국에 오면 얼마만큼 재활의학과 환자들을 위하여 도움이 될지를 근거자료와 함께 제시하며 설명했습니다. 또 이분이 병원을 개업하였고, 여러 가지 재활의학과 관련한 특허 중 일부는 상품화되고 있는점을 감안하여, 이분이 이 분야에 특별한 능력이 있음을 강조하였습니다.

논문이 없고 박사 학위가 없는 점이 다소 불리하였지만, 다행히도 이분은 승인을 받았습니다.

최근의 NIW 경향을 보면, 과거와는 달리 의사분들은 그 심사가 많이 까다로워졌습니다. 대학병원에 근무하시는 분들은 논문이 많아 승인받기가 어렵지 않으나, 일반 개업 의사분들은 논문이 적고 객관적으로 증명할 만한 업적이 없습니다. 따라서 이민국의 승인을 받기가 쉽지 않습니다. 그러나 본인의 남다른 특별한 점이 있다면 NIW를 통한 영주권 받기가 어렵지만은 않습니다.

사례 3) 지방의 이공계 계열 교수

이분은 NIW영주권을 신청할 당시에는 미국의 유명한 연구소에서 연구원으로 재직하고 계셨습니다. 이분은 이 분야에서 많은 SCI급 논문을 발표하였고, 다른 분들이 이분의 논문을 인용한 사례도 100번이 넘었습니다.

이분은 무사히 청원서 승인을 받고 전 가족이 영주권을 받았습니다. 청원서 승인 기간 중에 이분은 한국의 유명한 대학으로부터의 교수 제의를 수락하였습니다. 그러나 청원서는 승인만 된 상황이고, 이분은 바로 한국에 입국을 하여야 하는 상황이었습니다. 다행히 이분은 영주권 수속을 미국에서 하겠다고 신청을 했는데, 모든 수속은 미국에서 진행하였고 영주권을 받기 전에 일단 한국으로 귀국하였습니다.

그 후 영주권이 미국에 있는 집에 배달되어 가족들이 영주권을 수령한 후, 이 영주권을 한국에 계시는 교수님에게 전달되어서 무사히 영주권을 받았습니다.

5장. 1순위 영주권 (EB-1(1))은 누가 받을 수 있나?

1) 1순위 영주권의 종류

취업영주권 1순위에도 세 종류가 있다.
첫째, EB-1(1) 특별한 능력자(Extraordinary Ability Alien)
둘째, EB-1(2) 대학교수 연구원이나 스폰서가 필요한 자
셋째, EB-1(3) 삼성전자 등 대기업 간부급에 해당되는 자

1순위 중 EB-1(1)은 스폰서와 노동허가가 필요 없다. EB-1(2), EB-1(3)은 노동허가는 필요 없으나 스폰서는 있어야 한다.

1순위, 특별한 능력자EB-1(1)(Extraordinary Ability Alien)에도 두 종류가 있다.

첫째는, 올림픽 금메달이나 노벨상 정도에 맞먹는 수상 경력이 있고 저명도가 있는 사람들이다. 김연아 선수, 영화배우 강수연, 올림픽 금메달 수상자, 반기문 유엔총장 같은 경우이다.

둘째는, 위의 경우보다는 덜 유명하며 대부분 교수님들이다. 열 가지 조건 중 세 가지만 충족하면 된다. 두 가지 조건은 연예인, 예술인 등에 해당되기 때문에 실질적으로는 여덟 가지 조건 중 세 개만 충족하면 되는데, 이것을 인정받기가 무척 어렵다.

이민법에서 규정한 10가지 조건은 다음과 같다.

① 국내·국제적으로 저명한 수상 경력이 있는 경우
② 가입한 학회나 단체가 국제적 명성이 있고 회원 가입에 엄격한 제한이 있는 경우
③ 업적에 대한 언론의 보도가 있는 경우
④ 해당 분야에서 심사관으로 있은 경우
⑤ 전문 분야에서 업적이 크게 기여한 경우
⑥ 논문 실적 등 학문적 업적이 있는 경우
⑦ 유명한 단체에서 고위 간부나 활동이 있는 경우
⑧ 다른 사람들보다 급여를 월등히 높게 받은 경우
⑨ 예술분야의 공연 등으로 상업적 성공한 경우
⑩ 예술 작품 등을 전시회 등에 개최한 경우

2) NIW와 1순위EB-1(1)의 차이점

1순위와 NIW의 제출 서류는 비슷하다. 그러나 이민국을 설득시키는 접근 방법에서 약간의 차이가 있다. NIW보다 1순위가 더 어렵다. 1순위를 준비하면 쉽게 바로 NIW 서류 작성을 마칠 수 있다. 동시 진행도 가능하다.

3) 교수님들은 NIW보다 1순위를 노려라

많은 분들이 NIW에 대하여 잘 알고 있다. 우리 사무실에도 많은 문의가 온다. 그러나 대부분이 NIW에 대하여 잘 알고 있으나 1순위, EB-1(1)에 대하여서는 잘 모르고 있다.

필자는 교수님들에게 NIW보다 1순위를 추천하고있다. 그 이유는 다음과 같다.

첫째, 결론이 빨리 난다. 프리미엄 수속을 하면 2주 내에 청원 승인 여부를 알 수 있다. 그러나 NIW는 프리미엄 수속이 안 되니 오랜 시간을 기다려야 한다. 1순위는 급행료($1,225) 만 내면 2주 안에 'YES', 'NO'를 답해 준다. 따라서 시간이 촉박한 교수님의 경우, 영주권을 빨리 받을 수 있다.

둘째, 1순위를 준비하다 보면 NIW는 쉽게 진행된다. 1순위와 NIW를 동시에 준비하는 경우, 1순위에 맞추기 위해 꼼꼼히 자료를 준비하다 보면 NIW 준비 자료가 충실해진다.

셋째, 교수님들은 NIW보다 1순위로 준비하는 것이 성공 가능성이 높다. 왜냐하면 1순위는 이민법에 규정된 여러 조건 중에서 세 가지만 충족시키면 되기 때문이다. 교수님들은 이 조건을 만족시키기가 아주 수월하다.

최근에는 NIW 청원 승인 기간이 늦어지고 있다(4-6개월을 기다려야 함). 앞으로는 더욱더 많은 시간이 소요될 것으로 보인다. 따라서 스펙이 좋고 시간에 쫓기는 교수님들은 1순위 급행으로 진행하는 것도 좋은 전략이다.

4) 기업인, 운동선수, 예술인(음악, 미술, 연기자, 가수)

NIW를 통한 미국영주권 취득은 이공계 출신 박사학위 이상 소지자가 대부분을 차지한다. 거의 80-90% 이상이 박사학위 소지자다. 이들은 논문 실적이 있고, 이들의 연구분야가 미국의 국익에 도움이 된다는 것을 증명하기가 쉽기 때문이다.

이에반하여 인문·사회계는 미국의 국 익에 도움이 된다는 사실을 증명하기가 어렵다. 따라서 영문학, 역사학, 법학, 회계학, 경영학 등을 전공하신분들은 NIW를 통하여 영주권 받기가 쉽지 않다. 미국에서 원하는 것은 이공계 분야의 두뇌 박사들이기도 하지만 딱히 이분들이 미국국익에 도움이 된다고 설명하고 이를 입증하기가 어렵다. 또한 체육분야, 음악분야, 미술분야 등 예체능계도 NIW를 통하여 영주권을 받기가 쉽지 않다.

따라서 이처럼 인문사회계열이나 예체능계 분야에 종사하시는 분은 NIW보다는 차라리 1순위로 도전을 하라고 권장하고 싶다. 이들 분야는 미국 국익에 도움이 된다는 사실을 증명하기는 다소 어려워도, 여러 가지 요건 중 세 가지만 만족시키면 되는 1순위가 오히려 더 쉬운 경우가 많기 때문이다.

5) 1순위 영주권 사례 소개

필자사무실에서 1순위 승인을 받은 사례를 블로그와 다른 곳에 제기했던 글을 그대로 다시 재연하여 게재하니, 참고 바란다.

사례1) 한국국책 연구소, 박사
지난번에 영주권 청원(Petition)이 3일 만에 승인된 사례를 말씀드린 바가 있습니다. 최근에 또다시 3일 만(토요일과 일요일을 포함하면 5일)에 승인된 사례를 소개하고자 합니다. 이분은 정확히 서류 접수 후 2개월 4주 만에 영주권이 집으로 배달되었습니다.

한국의 연구소에 근무하시는 박사님입니다. 1년간의 Visiting Scholar로 미국의 대학에 연구차 왔습니다. 이분이 이력서를 사무실로 보내왔고, NIW를 통한 영주권 진행의 가능성을 문의해 왔습니다. 이 박사님은 부득이한 사정으로 자녀들을 미국에서 교육시킬 수밖에 없는 상황이었습니다.

CV를 자세히 검토하여 본 결과, 1순위 가능성이 많았습니다. 논문이 많고, 특허가 상품화된 것도 있고, 학회 등에서 많은 활동을 한 기록이 있어서 NIW보다는 1순위1-1(A)를 권했습니다.
1년 후에 반드시 한국에 가야 하고 국가 연구기관 소속이라 직장에서 1년 이상의 연수기간을 주지 않기 때문에 시간이 촉박하였습니다. 또 이분은 J비자를 웨이버 하여야 하는 상황이었습니다. 잠시 한국에 머물다가 미국의 새직장에서의 근무가 예정되어 있었습니다.

그러나 NIW로는 시간을 맞추기 불가능한 상황이었습니다. NIW를 통한 방법으로는 1년을 예상하여야 하기 때문에 도저히 영주권을 받을 수 없는 상황이었습니다. NIW는 1순위와는 달리 급행수속이 없고, 또 J비자 웨이버에 3개월가량 소요되는 점을 감안할 때, 1순위 급행수속으로 할 수밖에 없었습니다.

모든 자료와 제출 서류를 준비하는 과정에서 J비자 웨이버를 준비하고, 이민국에 1순위 급행으로 수속을 진행하였습니다. 페티션과 영주권 수속을 동시에 제출하였습니다(140,485 동시접수).

더 정확히 말씀드리면, 이민국에 서류 제출을 12월 2일에 하였는데 놀랍게도 청원서가 3일 만에(토요일과 일요일을 포함하면 5일) 승인되었습니다. 이후 핑거프린트 후 2월 28일, 집으로 영주권이 배달되었습니다. 이민국에 서류가 접수된 후 청원서 승인 3일, 영주권이 집으로 배달되기까지 2개월 4주의 시간이 걸렸습니다. 채 3개월이 걸리지 않은 것입니다.

시간이 촉박하고, 스펙이 확실하신 분들은 NIW보다는 1순위 급행(Premium) 수속도 고려해 보시라고 권하고 싶습니다. 1순위는 교수님들에게 아주 유리합니다. 많은 분들이 NIW만을 알고 계셔서 수도 없이 많은 분들에게서 NIW 상담이 왔는데, 1순위로 권유하여 많이 성공하였습니다. 저의 경험상 전반적으로 1순위가 NIW보다는 더 어렵습니다. 그러나 연구실적이 많고, 논문이 많은 대학 교수님들은 1순위가 오히려 NIW보다 쉽습니다. 포스닥 과정이나 연구경력이 짧은 박사님들은 1순위보다 NIW가 유리합니다.

사례2) 의과 대학교수

최근에 NIW 심사 기간이 지연되고 있습니다. 또 과거와는 달리 많이 까다로워졌습니다. 회계연도 말에 NIW는 쿼터에 걸려 더 시간이 걸릴 가능성이 있습니다. 이러한 상황을 감안하여서 대학 교수님들께서는 NIW보다는 1순위를 적극적으로 검토하여 보실 것을 권유합니다. 지난주 승인된 재미있는 사례를 소개합니다. 접수 후 청원서(I-140) 1주일 만에 승인받았습니다.

현직 대학교수이며 현재 J비자로 안식년을 맞아 미국에 왔습니다. 작년 12월 18일 사무실에 NIW에 대한 문의가 왔습니다. 자세한 CV를 보내라고 하여 보내온 CV를 검토한 결과, NIW보다는 1순위가 가능성이 많아1순위로 진행할 것을 권유하였습니다. 1년을 기한으로 안식년을 왔으나 6월에 귀국해야 하는 상황이라 시간이 촉박하였습니다.

NIW로는 도저히 시간을 맞출 수가 없었고, 교수님의 스펙이 좋아서 1순위가 가능하다고 판단하여 1순위로 진행하였습니다. 교수님은 시간이 촉박함에 따라서 자료 등을 엄청 빠르게 준비하여 저에게 주었고, 약 한 달 동안 준비를 했습니다. 정확히 1월 7일 이민국에 접수하고, 1주일 지난 이번 14일에 승인이 되었다고 이메일로 연락을 받았습니다.

재미있는 것은 승인이 났다고 연락을 이미 받았는데, 그다음 날 15일(토)에 이민국에서 접수통지 우편메일을 받았습니다. 이민국에서 접수했다고 우편으로 우리 사무실에 통지하였는데, 이 우편물이 사무실에 오는 도중에 승인이 난 것입니다. 너무 빨리 승인이 난 것입니다. 주말인 이틀을 제외하면 5일이 소요됐습니다.

우리 사무실에서 제일 빨리 승인받은 것은 2일 만에 승인받은 것도 있습니다. 이런 이야기를 하면 다들 거짓말이다, 믿기 어렵다고 합니다. 그런데 이 모든 것이 사실입니다. 서류에 정성을 담아서 증거를 제출하고 커버레터를 작성하면, 심사관들이 한 번만 읽어 보고 바로 승인해 줍니다. 승인이 늦어지거나 지연되는 것은 심사관이 모든 서류를 다시 보거나 옆에 제쳐두기 때문입니다.

영주권 취득에서 가장 중요한 청원서 승인만 받으면, 영주권은 거의 100% 나옵니다. 범죄경력, 불법체류, 전염병 등 질병, 미국에 간첩행위 등과 같은 사실만 없으면, 거의 100% 영주권이 나옵니다. 미국에 있는 경우 485, 한국에 있는 경우에는 대사관 인터뷰를 통하여 영주권을 받습니다.

영주권을 빨리 받으려면 제일 중요한 청원서 승인을 빨리 받아야 합니다. 이 청원서를 빨리 승인받는 것이 영주권 취득의 제일 조건입니다.

사례3) 대학병원 의사

4일 만에 승인받은 현직 대학병원 교수님의 사례를 하나 소개하고자 합니다. 이 교수님은 서울 근교의 대학병원에서 조교수로서 근무하고 있습니다. 우리 사무실로 NIW를 진행하고자 문의가 왔습니다. 이력서를 검토해 본 결과, NIW는 전혀 문제없이 가능하여 보였으나 이분은 빨리 미국에 입국하여야 하는 사정이 있었습니다.

NIW로 진행하면 이민비자를 받는 데에 지금 상황으로 봐서는 준비 시작 후 1년이 넘게 시간이 소요되어, 이분이 1순위가 가능한지 검토하였습니다. 모든 것을 검토해 보니 1순위 가능성이 많아 보였는데, 이분은 아직 박사과정이 끝나지 않은 상황이라 이 부분을 이민국에서 부정적으로 보지 않을까 조심스러웠습니다(이민국에서 '박사학위도 없는데 웬 교수?'라고 생각할 가능성).

다행히 이분은 여러 가지 수상 경력과 언론에 많이 보도된 바 있어서 연구 성과를 중점적으로 언급하여 커버레터를 작성하였으며, 1순위 프리미엄으로 진행하였습니다. 이분은 두 달 동안 준비하고 이민국 접수 후 4일 만에 승인받았습니다. 8월 28일 접수하고 9월 4일 승인받았습니다(공휴일과 9월 1일 노동절휴일을 제외하면 4일임).

그런데 이 교수님의 사례를 진행하던 중에 이 교수님과 이름이 똑같은 다른 의사에게서 연락이 왔습니다. 한국의 업체를 통하여 미국의 외국 변호사에게 의뢰했는데, 돈은 엄청 들고 거절되어 저에게 어떻게 하면 좋을지 문의하며, 제가 일을 맡아 주기를 원했습니다. 그때 저는 시간이 없어 도저히 수임하지 못하니 두 달 후에 연락하라고 하고 잊고 있었는데, 제가 진행한 교수님 메일을 검색하다 보니 이상한 내용의 메일이 있어 똑같은 이름의 동명이인(영어이름도 같음)인 그분이 기억났습니다.

그런데 또 우연치 않게도 거절된 의사분의 일을 처리한 외국 변호사는 주소를 보니 저의 사무실 근교에 있는 변호사였습니다(잘 모르는 사람임). 변호사가 작성한 추천서를 보고, 왜 이분이 거절되었는지 한번에 알겠더군요.

똑같은 이름의 한국 의사가 수많은 미국 변호사 중에도 미국 내 같은 지역에 있는 변호사에게 일을 위임했는데, 한 분은 1년 가까이 기다리다 거절되고, 이름이 같은 또 다른 한 분은 4일 만에 승인되었습니다. 우연치고는 결과가 너무 달랐습니다. 사실 소설 같은 이야기인데, 실제 저의 사무실에서 진행한 인상이 깊은 사례이기에 소개 말씀 올립니다.

제가 취급한 교수님은 이민 비자를 수속 중에 있습니다. 저와 교수님은 한번 만난 적도, 전화한 적도 없었고, 오로지 이메일로만 연락을 취했습니다. 승인된 날 처음으로 전화 통화를 했습니다. 저를 믿고 제가 준비하자는 대로 믿고 따라서 해 준 교수님이 고마울 따름입니다(2014년 9월 승인).

사례4) 바이올린 학원 원장
제가 성공시킨 사례를 하나 소개하고자 합니다. 지방의 모 음악대학을 졸업하신 분이 경기도 지역에서 바이올린 교습소를 운영하시는데, NIW를 통한 영주권 가능성 여부를 문의하여 왔습니다. 도저히 NIW로는 가능성이 없는 상황이었습니다.

이후 이분의 자세한 이력서를 살펴보니, 제자들이 바이올린 국제대회에 나가서 우수한 성적을 냈고, 이것으로 인하여 우수 Teacher상을 여러 번 수상한 기록이 있었습니다. 그리고 이러한 사실이 지역 언론과 음악신문 등에 보도된 사실을 알고는 NIW를 포기하고 1순위로 진행하였습니다. 이 모든 사항이 인정되어 1순위로 승인되었습니다.

체육인, 특히 태권도 선수나 음악인, 미술인 등에게 1순위를 권하는 이유는 대부분 이분들은 국내대회나 국제대회에서 수상한 기록 등이 있고 전문잡지 등에 이에 대한 기사가 많이 있기 때문입니다. 또 각종 대회에 심사위원 등으로 참여하는 경우가 많습니다. 이러한 점은 1순위에서 아주 중요하게 인정되는 업적입니다.

이들이 미국 국익에 도움이 된다고 증명하여 NIW를 성공시키기에는 어려움이 많으나, 이분들이 그동안의 업적으로 우수하고 특별한 재능이 있는 사람이라는 것을 증명하기는 쉽습니다. 태권도 사범 등 체육인, 음악인, 미술인 등 예술인으로서 1순위 영주권에 관심 있으신 분은 자세한 이력서를 우리 변호사 사무실로 보내 주시면, 그 가능성 여부를 평가해 드립니다.

6장. J비자 웨이버 문제

NIW나 1순위 영주권을 준비하시는 분들 가운데 J비자를 소지하고 계시는 분들이 많다. J비자소지자에게 본국 2년거주의 의무가 있으면 영주권 진행을 위해서는 이 의무를 웨이버(면제) 받아야 한다. 따라서 여기에서는 J비자 중에서 웨어버와 관련된 부분에 대해서만 설명하고자 한다.

1) J비자(교환연수비자)란?

J비자(교환연수비자)는 한국 정부나 미국 정부 또는 기업체나 대학교로부터 후원을 받거나 재정적인 지원을 받아 연구 활동 등을 위해 미국을 방문하는 학자, 과학자, 학생, 사업가 또는 공무원 등을 위한 비자이다. '문화교류비자'라고도 한다. J비자는 그동안 대학교수들이 많이 이용하여 '교환교수비자'라고 불리기도 한다. J비자로 방문하는

한인은 연간 약 2만 명 정도로 추산된다.

J비자는 다른 비이민비자(Non-Immigration Visa)와는 달리 대부분 2년간 본국 거주 의무가 있다. '2년 본국거주 의무'란 미국 이민법212(e)규정에 해당되는 경우이다. 2년 거주 의무에 해당되는 자는 기간이 끝난 후 먼저 본인의 나라로 귀국하여 2년간을 그 나라에 체류하여야 한다.

2년 거주 의무 기간에 해당될지 여부는 여러 가지 조건에 의하여 결정된다. 정부로부터 재정지원이나 연구 활동을 한 분야에 따라 결정된다. 본국거주 의무를 두는 이유는 미국에 체류하는 동안 쌓은 지식이나 경험을 자기의 나라에 돌아가서 다른 사람들과 공유하게 하기 위함이다. 본국 거주 의무가 있는 J비자 소지자가 미국에서 신분변경을 하거나 취업 또는 영주권을 받으려면, 사전에 본국 거주 의무에 대한 면제신청을 하여 이를 면제 받아야 한다(Waiver).

2) 웨이버를 왜 받아야 하나?

J비자를 소지자 중 본국거주 의무 조항에 해당되시는 분은 본국에 2년 거주 의무를 다 하거나 웨이버를 받지 않으면 미국 내에서 신분변경을 할 수 없다. 따라서 한국에 가서 대사관을 통하여 비자를 발급 받아야 한다. 그러나 대사관을 통하여 비이민비자 등을 발급받을 수는 있으나 영주권을 위한 이민비자나 취업비자 등은 발급되지 않

는다. 어렵게 NIW청원서가 승인되었어도 J비자 웨이버를 받지 않으면 영주권을 받을 수 없다.

3) 누가 해당되나?

기본적으로 거주 의무가 적용되는 경우는 아래와 같다.

첫째, 한국 정부나 미국 정부로부터 재정지원을 받는 경우이고,
둘째, 미국무부 기술목록에 한국 해당사항이 있는 경우이다.

이 두 가지 사항 중 한 가지에 해당되면 2년 거주 의무에 해당된다. 이 두 가지 요건에 해당되지 않는 경우에도 영사가 비자 발급 시 잘못 기재하는 경우도 있다. 그리고 이와는 반대의 경우도 있다(본국거주 의무에 해당되는데 영사가 실수로 기재하지 않는 경우).

4) 웨이버 절차는?

웨이버를 받는 방법에는 여러 가지가 있다. 이 중에서 웨이버를 받기에 가장 적당한 방법은 'No Objedtion Letter'를 통하여 면제 받는 것이다. J비자 웨이버를 받기 위한 절차(No Objection Letter)는 다음과 같다.

첫째, 인터넷으로 ds-3035를 작성하여 미국무부로부터 케이스 번호를 받는다.

둘째, 케이스 번호를 받으면 8가지 서류 등을 수속비용 $120과 함께 미국무부에 우편으로 제출한다.

셋째, 이와 동시에 거주지역 총영사관에 수수료 $25와 함께 귀국의무 면제공한 신청서 등 8가지 서류를 제출한다. 대사관에 제출할 서류는 총영사관이나 대사관 홈페이지에서 확인할 수 있다. 소요되는 시간은 약 3-4개월 정도이다(빠르게 진행할 경우 단축할 수 있는 방법 있음).

이 방법을 통하여 웨이버를 받는 데에 있어서 가장 중요한 것은 주미 한국대사관에서 외교노트로 미국무부에 요청을 하여야 하는데, 한국대사관에서는 원래 소속기관에서 기관장이 귀국의무 면제 확인서를 발급해 주지 않으면 주미 한국대사관에서는 외교노트를 발급하지 않는다. 대사관에서는 교수·박사·의사들이 소속된 기관장의 직인이 찍힌 서류를 요구한다. 해당기관의 기관장 직인을 받아 와야 한다. 이것이 없으면 안 된다. 기관마다 다 사정이 다르기 때문에 이 서류를 발급하지 않는 기관이 있다. 따라서 사전에 해당기관에서 서류를 발급해 주는지 여부를 확인할 필요가 있다(귀국의무 면제 확인서).

공무원과 국립대교수들은 대부분 거주 의무 조항에 걸린다. 왜냐하면 한국 정부로부터 자금지원을 받기 때문이다. 사립대 교수들은 전공분야에 따라 각각 다르다. 국무부 기술목록에 해당되면 거주 의무 대상이 된다.

5) 웨이버를 받지 않으면 어떻게 될까?

앞에서 설명 한바와 같이 2년 거주 의무가 있으면 미국 내에서 신분변경을 못한다. 예를 들어, 교수가 J비자로 입국 후 귀국하고, 자녀들은 남아서 학업을 계속하기 위하여서는 F비자를 받아야 하는데 미국 내에서 비자를 변경하지 못한다. 한국에 돌아와서 대사관을 통하여 F비자를 받아야 한다. 그러나 취업비자나 영주권 신청은 대사관에서도 할 수 없다. 반드시 웨이버를 받아야 하거나 한국에서 2년 거주 후에야 가능하다.

이 웨이버의 절차가 복잡하다. 혼자도 할 수 있으나 많은 시간이 소요되고, 만일 서류 하나라도 잘못 제출하면 낭패가 아닐 수 없다. 각종 인터넷 사이트에 J비자 웨이버에 관한 글들이 많다. 변호사인 필자가 보기에 틀린 내용들이 많이 있다. 변호사 사이트에도 틀린 내용이, 심지어 미국 내 한국 영사관에도 틀린 내용들이 있다. 따라서 많은 주의가 요청된다.

여기에서 주의깊게 알아야 할 사항이 있다.
본인(J-1)이나 자제분(J-2)들이 미국 내에서 신분변경(비자변경) 또는 취업비자, 영주권을 취득하려면 J비자의 '2년 국내 거주 의무'라는 큰 족쇄를 풀어야 하는데, J-1이 웨이버를 받으면 모든 J-2들은 비자의 족쇄가 깨끗하게 풀린다.

그러나 J-1이 한국에서 2년 거주 의무를 마쳐도 J-2(자녀, 배우자)가 실지로 한국에서 거주의무를 다 하지 않으면 J-2는 족쇄가 풀리지 않는다. 다시 말하면 그러나 J-1이 웨이버를 받으면 자동으로 J-2 족쇄는 풀리나, J-1이 거주 의무를 다 하였다해도 J-2의 거주 의무가 풀리는 것은 아니다. 이경우 J-2는 거주 의무를 마쳐야 한다.

J비자도 NIW영주권 청원서(I-140)를 신청할 수 있다. 청원서(I-140)을 승인받은 후에 영주권(I-485) 신청이나 취업비자 신청 시까지만 웨이버를 받으면 된다.

6) J비자 유의사항

- J비자 소지자는 연수 시작 30일 전에 입국하지 못한다.
- 본국거주의무 조항여부는 DS-2019에 보면 알 수 있다.
- 비자에 2년 거주의무 조항이 기록되어서 비자가 나온다.
- 사립대학 교수들은 2년 조항을 적용받지 않는 경우가 많다.
- 국립대교수들은 정부자금으로 지원되기 때문에 의무조항에 해당된다.
- 공무원의 경우 2년 조항의 적용을 받으며, 한국 정부기관에서 No Objection Letter를 써 줄 리가 없기 때문에 면제받기가 어렵다. 재주 좋은 공무원들은 서신을 받아 오기도 한다.

- 체류 기간의 연장도 가능하나, 개별 프로그램의 최장기간을 초과하지 못한다.
- 면제를 신청하려면 충분한 여유를 가지고 비자기간 만료 전에 하여야 한다.
- 면제되었다고 미국 체류가 허용되는 것은 아니다. 별도의 합법적 신분변경을 하거나 체류비자를 받아야 한다.

> J비자 소지자들이 자녀들의 교육 문제 때문에 미국에 체류하는 경우가 많다. 통상적으로 비자 웨이버를 받고 미국 내에서 신분변경을 하는데, 이 경우에 한국을 출입할 경우 대사관을 통하여 비자를 받아야 한다. 1-2년의 단기간이라면 몰라도, 장기적으로 자녀들의 학업을 위해서라면 대사관을 통하여 정상적인 비자를 받는 것이 좋다.

7장. 변호사 선택 및 수속 비용

1) 전문변호사

NIW를 통하여 영주권을 취득하시려는 분은 가급적 전문 변호사를 찾아야 한다. 물론 스펙이 매우 좋거나 경험이 있다면 변호사의 도움 없이 혼자서 할 수도 있다. 그러나 신청자가 자신의 스펙에 다소 의문이 들 경우에는 변호사를 찾아가는 것이 도움이 된다. 아무래도 전문 변호사는 커버레터 작성이나 증거서류 제출 등의 경험이 많기 때문이다.

변호사가 아닌 이민업체나 이주공사 직원들의 말만 믿어서는 안 된다. 반드시 변호사와 직접 상담하고 이야기 듣기를 권한다. NIW가능성 여부는 변호사를 통하여 직접 확인하는 것이 바람직하다.

미국이민법은 너무 복잡하다. 아무리 우수한 변호사라도 이처럼 어렵고 복잡한 미국이민법 전부를 완전히 이해하기란 불가능하다. 그렇게 많은 분야를, 또 자주 바뀌는 내용을 완전히 숙지하기는 어렵다. 따라서 NIW를 성공하려면 이것만을 전문으로 하는 변호사를 찾아야 그 성공 가능성을 높일 수 있다.

예를 들어, 한 음식점에서 중국식, 한식, 일식 등을 취급한다고 생각해 보자. 주방장이 짜장면을 만들다가 잠시 후 회를 뜨고 스시를 만들고, 김치찌개나 된장찌개를 끓이다가, 스파게티를 만들고, 불고기나 스테이크를 만든다면 어떨까? 그 음식점의 음식맛은 안 보아도 뻔하다.

변호사도 마찬가지이다. 한 분야에 집중하여 전문화된 변호사를 찾아가는 것이 바람직하다고 생각한다. NIW 진행은 변호사의 역할이 아주 중요하다. 이와 동시에 준비할 서류가 많고 전문성이 요구되기 때문에 모든 변호사가 다 하는 것은 아니다. 이 업무를 주로 하는 전문 변호사를 찾아가는 것이 현명한 방법이다. 마치 주방장이 일식, 한식, 중국식, 양식 모든 음식에 정통할 수 없는 것처럼 변호사도 모든 분야에 정통할 수 없다. 변호사도 변호사마다 자기가 주특기로 잘하는 분야가 있다.

갈수록 NIW 심사가 어려워지고 있다. 따라서 무엇보다도 그 분야의 전문변호사를 찾아가야 한다. 짜장면이 먹고 싶으면 짜장면을 잘하는 집으로 가야 하고, 김치찌개를 먹고 싶으면 김치찌개를 잘하는 집으로 가야 하듯 말이다.

NIW는 준비하여야 할 서류와 신경 써야 할 부분이 한 둘이 아니다. 변호사와 의뢰인 간의 긴밀한 협조와 의사소통이 NIW 성공의 지름길이다. 이 과정에서 변호사가 필요로 하는 자료는 의뢰인이 곧바로 변호사에게 제출해서, 변호사가 일을 진행하는 데 어려움이 없도록 하여여 한다. 여기에서 주의하여야 할 사항은 절대로 추천서나 경력에 허위 정보를 기재하거나 거짓말을 하면 안 된다는 점이다. 이것은 절대로 있을 수 없는 일이다. 허위나 거짓말 없이 증거서류와 커버레터를 잘 작성하여 심사관을 설득시키는 것이 성공의 비결이다.

이민국을 설득시키기 위한 변호사의 커버레터와 변호사가 주장하는 사실에 대하여 일일이 증거서류를 제출해야 하는 과정은 쉬운 일이 아니다. 보통 서류가 200-400페이지에 달하며, 증거목록만 해도 50-100여 건이 된다. 변호사는 의뢰인의 경력을 어떻게 심사관에게 어필할 것인가에 대해 수없이 고민한다.

간혹 이 모든 서류를 준비하는 데 있어서 신청자들은 준비할 서류가 많다고 불평하기도하고 하소연하기도 한다. 그러나 서류 하나 누락하여 이민국으로부터 추가 제출 요청을 받는 경우, 승인받은 시간이 엄청 늦어진다. 따라서 가급적 서류를 단 한 번의 제출로 승인을 받을 수 있도록 노력해야 한다.

신청자마다 전공분야가 다르고, 또 더 들어가면 수없이 많은 세부 전공분야가 각기 다르다. 그러나 추천서 초안을 변호사가 작성해 줄 때 변호사는 이들 개개인의 전공분야에 대하여 어느 정도 이해를 해야 한다. 전혀 모르는 상태에서는 이민국을 설득할 추천서 초안을 작성할 수가 없기 때문이다.

변호사는 이 부분이 가장 어렵기 때문에 많이 생각한다. 간혹 추천서를 본인이 작성하고 추천인의 사인만 받아서 제출하는 경우가 있다.

그러나 이러한 방법으로는 이민국을 설득하기가 쉽지 않다. 스펙이 아주 좋은 사람들은 추천서가 필요 없는 경우도 있지만, 대부분 의뢰인들의 스펙은 거기서 거기이고, 도토리 키 재기이다. 따라서 가장 중요한 것은 정성이 담긴 추천서 내용과 마지막 변호사의 고민과 노력이 담겨 있는 설득력 있는 커버레터이다.
추천서 작성과 커버레터 작성에 전문적인 기술과 경험이 많은 변호사를 찾아야 한다.

2) 변호사 비용

NIW 가능성 여부와 비용에 대한 문의가 많이 온다. 이제는 많은 분들이 NIW에 대하여 알고있다는 반증이기도 하다. 이 분야에만 전념하는 변호사인 저의 입장에서 전혀 이해할 수 없는 질문을 받을 때가 있다. NIW가능성이 없는 분들이 다른 곳에서는 가능하다고 하는데, 필자사무실의 변호사 비용에 대하여 문의한다 . 아마 NIW를 통한 영주권 취득은 이미 가능하다고 전제하고, 변호사 비용이 얼마인지만 문의를 하고 있다.

그러나 변호사 비용이 얼마이기를 알기 전에 신청자는 자기가 자격이 되고 성공할 가능성이 있는지를 먼저 보아야 한다.

내가 보기에 도저히 가능성이 없는 분에게 가능하다고 하고 계약금으로 상당한 금액을 받고 있는 업체들이 있는 것 같다.

또 NIW를 진행 시 계약금으로 많은 금액을 요구하는 업체도 주의가 요망된다. NIW는 준비하는 서류가 많기 때문에 중도에 포기하는 경우도 많이 있다. 그렇다면 이미 지급한 금액은 반환받기 어렵다. 변호사 비용도 천차만별이다. 수임료가 너무 비싸거나 계약금과 중도금을 많이 받는 곳은 다시 한 번 고려해 보아야 한다.

NIW를 통한 영주권 받기가 갈수록 힘들어진다. 이것을 진행하려고 할 때는 직접 변호사와 면담하거나 직접 통화를 한 후 본인이 자격이 되는지, 객관적으로 엄격하게 검토한 후 확실한 답변을 듣고 비용 등을 감안하여서 결정하여야 한다.

변호사가 아닌 이민관련 업체들의 의견만을 듣고 잘못 진행하다가는 큰 어려움이 있을 수 있다.

8장. Q&A

1) NIW 관련 Q&A

[NIW 유용성]

⋯▶ 문) 많은 분들, 특히 교수, 박사, 의사분들이 NIW를 통한 영주권을 받고 있습니다. 이분들이 NIW를 통하여 영주권을 받는 데 유리한 점은 무엇인지요?

⋯▶ 답) 취업 영주권을 받으려면 모두 소위 말하는 고용주(스폰서)가 있어야 하고 노동허가를 받아야 합니다. 그러나 특출한 능력이(Exceptional Ability) 있고, 미국국가의 이익에 도움이 되는(whose employment in the United States would greatly benefit the nation) 학력이 높고, 연구 실적이 많은 교수, 박사, 의사들에게는 이러한 스폰서 없이도 본인의 연구실적 등만을 고려하여 영주권을 주고 있습니다. 취업영주권을 통하여 영주권을 받는 데 있어서 고용주가 필요 없고,

노동허가를 면제해 주는 것은 엄청난 혜택입니다.

[NIW 자격요건]

⋯ 문) NIW나 1순위 영주권을 받으려면 석사 또는 박사 이상의 학력이 있어야 하고 이공계 분야 출신이어야 하나요?

⋯ 답) 반드시 석사·박사이어야 하는 것은 아닙니다. 그러나 NIW를 통하여 미국 영주권을 취득하는 사람은 대부분 이공계 출신 박사 학위 이상 소지자입니다. 거의 90% 이상이 박사 학위 소지자입니다. 미국 이민법에서 NIW 가능 분야를 과학, 예술, 비즈니스의 세 가지 분야로 열거하고 있는데, 사실상 인문·사회계나 체육, 예능계 등도 가능합니다. 더 나아가 석사·박사 학위가 없는 기업인들도 해당 분야에서의 특출함을 증명할 수 있다면 가능합니다.

일부 인터넷 사이트에서 NIW 자격 요건에 대해 석사 이상의 학력을 가져야 한다고 잘못 설명하고 있습니다. 심지어 전문 사이트에서도 잘못된 정보가 있습니다. 학사 학위만 가진 사람도, 학사 학위조차 없는 사람도 NIW를 통한 영주권 취득을 하고 있습니다. 특출한 능력(Exceptional Ability)이 있고 미국의 국익에 도움이 된다고 인정되면 NIW는 가능합니다.

참고로 말씀드리면, 미국이민법의 규정을 보면 NIW가 가능한 특출한 능력의 사람을 다음과 같이 규정하고 있습니다.

Persons who have exceptional ability and whose employment in the

United States would greatly benefit the nation.

※ Exceptional ability "means a degree of expertise significantly above that ordinarily encountered in the sciences, arts, or business."

⋯ 문) 체육·예술 분야의 종사자들도 NIW를 통한 영주권 취득이 가능한지요?

⋯ 답) 운동선수나 예술인, 음악인 등도 NIW를 통한 영주권 취득이 가능합니다. 이공계 분야를 전공하지 않고, 박사 학위도 없으면서 NIW나 1순위를 통하여 영주권을 받은 체육·예술 분야의 종사자들이 많이 있습니다.

⋯ 문) 체육·예술분야 종사자들은 NIW보다는 1순위가 유리하다는 이야기가 있는데 사실인지요?

⋯ 답) NIW와 1순위(EB-1(1))는 유사한 면이 많이 있습니다. NIW는 미국 이민법상 취업 이민 2순위의 일종입니다. 체육·예술분야에서 특별한 능력이 있으신 분들은 NIW보다 1순위 (특별한 능력자, Extraordinary ability alien, Eb-1(1))를 통한 영주권 취득이 더 쉬운 경우가 많습니다. 그 이유는 이분들은 각종 대회에서 수상한 경력이 있고, 언론 등에 수상 기록이 보도되는 경우가 많으며, 또 심사위원 등으로 참여하는 경험이 있기 때문입니다. 이러한 사항은 1순위에서 아주 중요한 요소로 인정됩니다.

⋯ 문) 미국 이민법에는 과학, 예술, 비즈니스에 해당하는 분야의 사람이라고 규정되어 있는데 이 외의 분야의 사람들도 NIW 신청이 가능한지요?

⋯ 답) 가능합니다. 사실상 모든 분야에서 뛰어난 업적이 있고 미국의 국익에 도움이 될 만한 사람은 모두 해당된다고 해도 좋을 정도로 범위가 광범위합니다. 현재 미국 이민법에서는 특정 분야(과학, 예술, 비지니스)로 포괄적인 단어를 썼지만, 실무를 통해서 보면 미 이민국에서는 이 분야에 속하지 않는 다른 분야도 인정하고 있습니다. 사실상 이 3개 분야 외에 거의 모든 분야에서 특별한 능력이 있고 미국 국익에 도움이 되면 NIW를 승인하여 주고 있습니다.

⋯ 문) 경제학을 공부하고 금융회사에 수년간 근무했습니다. 저의 경우도 NIW가 가능한지요?

⋯ 답) 이공계가 아닌 분야 전공자도 NIW가 가능합니다. 다만 이들 분야는 이공계 분야에 비해 NIW 여러 조건을 맞추기 어렵고 또 많은 시간이 소요되기 때문에 변호사들이 기피하고 있습니다. 만약에 금융분야에서 특출한 능력(Exceptional Ability)이 있고 미국 국익에 도움이 될 만한 재능이 있다면 충분히 가능합니다.
더 자세한 가능성 여부는 신청인의 자세한 경력이나 업적 등 이력 사항을 면밀하게 검토하여야 합니다.

… 문) 한국에서 석사·박사를 했습니다. NIW 경력·이력 등에 이러한 저의 한국 학위도 인정이 되는지요?

… 답) 석사·박사 학위가 반드시 미국 학위이어야만 하는 것은 아닙니다. 한국에서의 학위는 미국에서도 인정됩니다. 그러나 석사·박사 학위만으로는 부족하고, 기타 다른 특출한 능력(Exceptional ability)이 있음과 미국이 국익에 도움이 된다는 (Employment in the United States would greatly benefit the nation) 사실을 증명할 수 있어야 가능합니다.

… 문) 한국에서 박사 학위를 받았습니다. 논문이 적고 인용 (Citation Record) 횟수가 적은데 NIW가 가능한지 궁금합니다.

… 답) 가능합니다. 논문의 숫자와 논문 인용 횟수(Citation Record)가 중요한 것은 사실이나, 결정적인 역할을 하는 것은 아닙니다. 논문 인용 횟수가 없거나 소수인 경우에는 다른 면을 부각시켜, 특출한 능력(Exceptional Ability)을 증명하면 가능합니다.

… 문) 이공계열 분야에서 박사 후 과정에 있는 연구원입니다. 연구 논문은 많은데 인용 횟수가 적습니다. 저의 경우도 NIW를 통한 영주권 취득이 가능한지요?

… 답) 가능합니다. 앞에서 말씀드린바와 같이 반드시 논문 인용이 많아야 하는 것은 아닙니다. 논문 인용은 자신의 특출한 능력(Exceptional Ability)을 증명하는 하나의 증거일 뿐, 이것이 전부는

아닙니다. 이미 미국 이민국에서 논문 인용 때문에 기각한 사례를 항소 법원에서 승인한 사례도 있습니다. 다른 증거로 미국 국익에 도움이 될 만한 사항에 대하여 입증만 할 수 있다면 가능합니다. 즉, 추천서 등으로도 입증할 수 있습니다.

[NIW 한국에서 진행 시 소요기간]

⋯▶ 문) NIW를 통하여 영주권을 받는 기간은 한국에서 진행할 경우, 더 걸린다는데 맞는 이야기입니까?

⋯▶ 답) 한국에서 진행할 경우, 미국에서 진행할 때보다 3-4개월 정도 더 걸립니다. 걸리는 시간은 케이스마다 사정이 다릅니다. 청원서를 승인받는 것이 제일 중요한데, 청원서(I-140) 승인은 빠르면 1달 걸리는 것도 있으나 평균 4개월 이상이 걸립니다. 최근에는 보통 6개월의 시간이 소요되고 있으며, 6개월이 넘는 경우도 많습니다. 청원서를 승인받는 데까지 걸리는 시간은 한국에서 진행할 경우와 미국에서 진행할 경우 차이는 없습니다. 그러나 한국에서 청원서(I-140)를 승인받고 이민비자를 받기까지는 4-6개월 정도 더 기다리셔야 합니다. 가장 큰 변수는 청원서(I-140)를 어떻게 빨리 승인받느냐에 달려 있습니다. 청원서(I-140)를 승인받은 기간이 사람마다 천차만별입니다. 이것에 따라서 영주권을 받는 시기가 크게 달라집니다.

[NIW 한국에서 진행 절차: 대사관을 통한 이민비자]

⋯ 문) 한국에 거주하고 있는 의사입니다. 한국에서 수속하는 경우, 구체적인 절차를 알고 싶습니다.

⋯ 답) 한국에 계신분들이 NIW영주권을 취득하려면 직접 미국 이민국에 청원서를 제출하여야 합니다. NIW는 고용주(스폰서)가 필요없기 때문에 신청자가 직접 자기 명의로 제출할 수 있습니다. 제출한 청원서가 승인되면 신청자는 이민국으로부터 승인서를 받게 됩니다(I-797). 이민국에서는 이 케이스를 국립비자센터(National Visa Center)로 넘기면 국립비자센터(National Visa Center)는 쿼터 등에 제한이 있는지 검토한 후, 신청자에게 비자피 납부 안내와 필요한 서류 준비를 위한 연락을 합니다.

신청자는 국립비자센터에 비자피를 납부하고 관련서류를 보내면, 국립비자센터(NVC)에서는 대사관 인터뷰 날짜를 지정하여 신청자에게 통보합니다. 그 사이에 신체검사를 하고 난 후, 대사관 인터뷰 시에 신체검사서와 필요서류를 지참하여 대사관 인터뷰를 합니다.

신청인이 결격사유가 없고 인터뷰가 끝나면 미국 대사관에서는 신청인에게 이민비자를 발급합니다. 실질적으로 중요한 것은 이민국에서 청원서가 승인 나는 것이지, 그 후의 국립비자센터(NVC)나 대사관에서의 절차는 거의 기계적입니다. 혼자서 모든 서류를 준비할 수도 있으나 경험이 있는 변호사나 전문가들과 상의하는 것이 바람직합니다.

[NIW소요기간: 국립비자센터(NATIONAL VISA CENTER) 소요 시간]

⋯ 문) 미국에 있는 변호사를 통하여 NIW영주권을 진행 중에 있습니다. 현재 청원서가 승인되고 NVC에 모든 서류를 제출한 지 2달이 넘었는데, 아직 인터뷰 날짜가 지정되지 않아서 걱정이 됩니다. 국립 비자센터에서 서류 진행에 걸리는 시간이 어느 정도 소요되는지요?

⋯ 답) 최근에 국립비지센터에서 서류 진행에 걸리는 시간이 지연되고 있습니다. NVC에서는 모든 서류를 검토하고 서울에 있는 주한 미국 대사관과 인터뷰 날짜를 조율한 후 신청인에게 알려 줍니다. 지금 대사관에서 일이 적체되고 있는 관계로, 비자센터에 (NVC) 에 서류를 제출하고도 2달이 넘게 인터뷰 날짜를 기다립니다. 거의 3달 가까이 기다리는 사람도있습니다. NVC에 서류를 제출하고 한 달이 넘어도 다른 특별한 연락(추가 서류 제출 요구)이 없으면 서류는 NVC에서 통과된 상태이며, 인터뷰 일정만 대사관과 조율 중이라고 보시면 됩니다. 비자센터에 서류를 제출하고 대사관 인터뷰까지는 약 4-5개월 정도의 기간이 더 소요됩니다. 따라서 처음 청원서 접수부터 이민비자를 받을 때까지 전체적으로 1년 정도 예상됩니다.

[NIW수속절차: 한국]

⋯ 문) 한국의 국책 연구소에 근무하고 있습니다. NIW를 통하여 영주권을 받고자 합니다. 한국에서 영주권을 진행하는 데 별 문제

가 없는지 궁금합니다.

… 답) 주한 미국 대사관을 통하여 이민비자를 받고 미국에서 영주권을 받는 한국에서의 진행은 미국 내에서 신분변경(I-485)을 하여 영주권을 받는 것보다 복잡하고 시간도 더 걸립니다. 이민국에서 청원서 승인을 받은 경우, 범죄행위나 전염병 등 이민비자 발급에 결격 사유만 없다면 대사관을 통하여 이민비자를 받는 데 큰 문제점은 없습니다.

… 문) 대사관 인터뷰를 마치고 이민비자를 받을 경우, 바로 미국에 들어가야 하는것인지 아니면 어느 정도 기간 동안 한국 체류하고 있어도 상관없는지 궁금합니다. 사정상 미국 입국을 연기하고 싶습니다.

… 답) 인터뷰를 마치고 이민비자를 받으면, 6개월 내에 미국에 입국하여야 합니다. 미국에 입국하고 나면 영주권은 미국에 있는 집으로 배달됩니다. 그 후에 한국에 장기간 거주하여야 할 필요성이 있을 경우, 영주권을 받은 후 Reentry Permit을 받거나 상황에 따라서 다른 조치를 취할 수 있습니다.

한국의 재산관계나 직장, 사업 등을 정리하기 위하여 한국에 체류할 시간이 더 필요한 경우, 이민비자를 받기 전에 대사관 비자 인터뷰를 연기하여 이민비자 받는 것을 연기할 수 있습니다. 그러나 이민비자를 받은 후에는 6개월 내에 입국하여야 합니다.

[NIW수속절차: 미국에 체류 중]

⋯ 문) 현재 취업비자를 받아 미국 회사에 취업 중에 있습니다. NIW영주권 신청을 미국 내에서 하려고 계획 중에 있는데, 이때에도 인터뷰를 하나요? 미국 내에서의 절차를 알고 싶습니다.

⋯ 답) 영주권 신청자가 미국에 거주할 경우, 미국에서 신분변경 절차(I-485)를 통하여 영주권을 받습니다. 따라서 이 경우에는 대부분 인터뷰 없이 쉽게 받습니다.

⋯ 문) 미국 내에서 NIW영주권을 진행하고 있습니다. 청원서는 이미 승인받았으며, 신분변경 절차(I-485)를 진행 중에 있습니다. 그런데 모든 서류를 접수한 지 1년이 지났는데도 아직 소식이 없습니다. 이민국에 문의해도 별다른 해답을 얻지 못하고 있습니다. 미국 의원들에게 민원을 제기하면 쉽게 진행이 된다는 이야기가 있는데, 사실인지요?

⋯ 답) 미국 내에서 진행할 때 간혹 신분변경(I-48)에 예상외로 시간이 지체될 경우, 현재 거주 지역의 하원이나 상원의원실에 편지를 내면 도움을 많이 받습니다. 이들 사무실에는 이민 업무만 담당하는 직원들이 있으므로 편지를 보낼 경우, 이들이 이민국에 확인한 후 답장과 함께 진행 상황을 알려 줍니다. 이민국에서는 의원실에서 문의하는 사실조회 등을 무시하지 못합니다.

[청원서(I-140)와 신분변경 (I-485) 동시 신청: 미국에서 진행]

⋯ 문) 현재 박사 후 과정으로 미국에 있으며, NIW 진행을 계획 중에 있습니다. 청원서(I-140) 접수와 동시에 신분변경 (I-485) 접수가 가능한지요?

⋯ 답) 동시 접수가 가능합니다. NIW는 취업이민 2순위 입니다. 2순위는 3순위와는 달리 통상적으로 문호가 열려 있습니다. 문호가 열려 있는 한 언제든지 동시 접수가 가능합니다.

⋯ 문) 변호사는 NIW 청원서(I-140)를 접수하면서 신분변경 (I-485)을 동시에 접수하는 것이 유리하다고 하는데 동시 접수가 유리한가요, 아니면 청원서 승인 후 신분변경(I-485)을 접수하는 것이 유리한가요?

⋯ 답) 각 개인마다 처한 상황에 따라 다릅니다. 동시에 신청할 경우의 장점은 다음과 같습니다.

첫째, 영주권 수속이 다소 빠릅니다.

둘째, I-485를 접수하면서 여행허가서(AP)와 노동허가서(EAD)를 신청하여 한국 등을 방문하거나 일을 시작할 수 있는 혜택을 누릴 수 있습니다.

셋째, I-485 접수 이후에 신분 유지를 할 필요가 없습니다. I-485 접수가 어떤 신분을 주는 것은 아니지만, 신분에 관계 없이 법적으로 체류(Authorized to stay)할 수 있는 자격을 부여받게 됩니다.

이에 반하여 단점은 다음과 같습니다.

첫째, 청원서(I-140)가 거절된 경우, I-485도 자동적으로 거절되기 때문에 시간적·경제적 손실이 발생합니다.

둘째, 신분변경(I-485)을 접수하고 신분을 유지하지 않았던 경우, 또는 I-485의 혜택(EAD & AP)을 사용한 경우에는 I-485가 거절되면 불법신분으로 전락되어 다른 신분으로의 변경이 어렵습니다.

셋째, I-485까지 접수되어서 거절되었던 경우, Immigration Intent가 허용되지 않는 비자는 현실적으로 거절 이후 비자 받기가 쉽지 않습니다.

[가족초청 영주권 진행 중에 NIW 신청]

⋯ 문) 미국에 있는 형님으로부터 초청을 받아서 가족 영주권을 진행 중입니다. 청원서를 제출한 상태인데 기다리는 시간이 너무 길어 별도로 NIW 신청을 하려고 합니다. 가능한지요?

⋯ 답) 가능합니다. 가족이민(I-130)이든 취업이민(I-140)이든 여러 개의 청원서 접수가 가능합니다. NIW와 함께 취업이민 1순위를 동시에 진행하는 경우도 많이 있습니다. 취업이민 3순위가 진행되고 있는 경우에도 NIW 자격이 되는 경우에는 별도로 NIW를 진행할 수 있습니다.

⋯ 문) 서울에 있는 이민 업체를 통하여 NIW를 신청했는데 거절되었습니다. 다시 신청을 해도 관계 없는지요? 항소를 할 수 있나요?

⋯ 답) 다시 신청할 수 있습니다. NIW가 거절되는 경우, 재신청을 할 수 있습니다. 물론 항소할 수도 있습니다. 승인이 안 되었다고, 모든 것이 끝나는 것은 아닙니다. 통상 항소할 경우, 결정되기까지는 많은 시간이 소요됩니다. 따라서 재신청 할지 혹은 항소해야 할지는 여러 사항을 고려하여 결정하여야 합니다.

[NIW Job offer]

⋯ 문) NIW는 취업 영주권 2순위라고 들었습니다. 저는 저를 고용해 줄 고용주가 없고 고용주로부터 Job Offer를 받지 않았는데 NIW가 가능한지요?

⋯ 답) 가능합니다. 취업 영주권은 대부분이 고용주가 필요합니다. 다만 NIW는 고용주(스폰서)를 필요로 하지 않기 때문에 신청인이 자신의 신청 분야에서 지속적으로 일을 (연구 및 활동)하는 이상 Job offer가 없어도 가능합니다. 6개월 미만의 불법 체류자나 관광비자로 입국을 해서도 NIW를 통해서 영주권을 취득할 수 있습니다.

⋯ 문) 포스닥 과정에 있는 연구원입니다. NIW로 바로 갈지, 아니면 H-1B를 한 후 기회를 보아서 NIW를 할지 고민 중에 있습니다. 어느 방법이 좋은지요?

⋯ 답) NIW 자격이 되면, 망설이지 말고 바로 영주권을 취득하시기 바랍니다. 미국의 고용주는 특수한 분야를 제외하고는, H-1B로 외국인을 충원하지 않으려 합니다. 그 이유는 고용주는 H-1B의 이민국 인지세와 변호사 비용 등의 부담이 많고, 다시 갱신하거나 영주권 스폰서를 하는 경우에 또다시 많은 비용이 들기 때문입니다. 가급적 자격요건이 되면 NIW를 통한 영주권 신청을 서두르는 것이 바람직합니다.

⋯ 문) NIW는 취업영주권 1순위처럼 어렵다는데 사실인지요?
⋯ 답) 그렇지 않습니다. 개개인의 특성과 전공 분야에 따라 다르지만 NIW는 1순위보다는 다소 쉽습니다. 많은 의사 및 특정 업종 (이공계, 의약계 등) 분야 종사자들이 NIW를 통하여 영주권을 받았습니다.
최근에 교수, 박사, 사업가, 예술인, 체육인 등 많은 분들이 NIW를 통하여 영주권을 취득하고 있습니다.

[NIW 커버레터]
⋯ 문) 한국에 있는 변호사 사무실을 통하여 NIW를 진행하고 있습니다. 담당 변호사가 서류를 이민국에 제출하였다고 하여, 변호사가 작성하여 이민국에 제출한 커버레터를 보여 달라고 했더니 변호사 비밀 사항이라고 안 보여 주네요. 다른 분들은 어떻습니까?
⋯ 답) 변호사가 이민국에 제출하는 커버레터에는 사용하는 문장,

증거 배열, 레터 작성하는 요령 등 변호사의 수많은 경험과 자기 자신만의 노하우가 담겨 있습니다. 따라서 변호사끼리도 공개하지 않습니다. 친한 변호사에게도 알려 주지 않습니다. 일부 변호사들은 의뢰인에게 커버레터를 보여 주기도 하지만, 일부 변호사들은 공개하지 않는 경우도 있습니다.

변호사가 커버레터를 의뢰인에게 주지 않는 이유에는 2가지가 있을 것으로 보입니다.

첫째는 자기의 경험과 노하우가 외부에 유출되는 것을 방지하려는 경우가 있을 수 있고, 둘째는 자기의 일 처리가 잘못되어 승인되지 못할 경우 의뢰인의 항의 때문일 것으로 보입니다.

두번째 이유 때문이라면 변호사에게 문제가 있다고 할 수 있으나 첫번째 이유라면 의뢰인들이 이해해 주어야 한다고 생각됩니다.

[NIW커버레터 작성요령]

⋯ 문) NIW는 변호사의 커버레터가 중요하다고 합니다. 이것은 무엇입니까? 커버레터를 반드시 제출하여야 하나요?

⋯ 답) NIW에서 중요한 것 중의 하나가 커버레터입니다. 커버레터는 신청인이 NIW 자격요건에 해당되고, 어떤 업적이 있으며, 미국 국익에 필요한 이유를 설명해 주는 변호사의 편지입니다. 이것은 법에 의해 강제적으로 제출하여야 하는 서류는 아닙니다. 다

만 이민국 심사관 들에게 신청인의 청원서를 빨리 이해시키도록 하기 위하여 신청인의 입장에서 신청인에게 NIW 자격이 있다는 것을 적극적으로 대변하는 편지입니다.

⋯ 문) 변호사 비용이 부담스러워서 NIW를 혼자 준비하고 있습니다. 이민국에 제출하는 커버레터 작성 요령이나 방법을 알려 주시기 바랍니다.

⋯ 답) 커버레터 쓰는 형식이나 방식에 있어서 별도로 정해진 규칙은 없습니다. 이민국 심사관이 잘 이해할 수 있도록 쓰면 됩니다. 커버레터를 작성하는 방법은 변호사마다 다릅니다. 형식에 구애받지 마시고, 가급적 심사관이 쉽게 이해하고 증거 자료를 쉽게 찾게끔 작성하시면 됩니다. 심사관이 커버레터를 2번 이상 읽게 되면 승인 기간이 늦어질 수 있다는 점을 염두에 두고, 단 1번만 읽어 보고 승인할 수 있게끔 작성해 주시기 바랍니다. 커버레터 분량은 대략 15-20매 정도가 적당합니다.

⋯ 문) 왜 경험 있는 변호사의 커버레터가 중요한가요?

⋯ 답) 이민국 심사관은 신청인이 제출하는 그 많은 자료 중에 읽어 보지 않는 것도 많습니다. 그러나 커버레터만은 반드시 읽어 봅니다. NIW를 승인받으려면 이민국 심사관을 논리 있게 설득하여야 합니다. 따라서 커버레터를 요령 있게 작성하여 심사관이 쉽게 이해하도록 하게 하고, 또 증거 서류를 심사관이 쉽게 찾아볼

수 있도록 하게 작성해야 승인을 빨리 받을 수 있습니다. 그래서 경험 있는 변호사의 커버레터가 중요합니다.

[NIW추천서]

⋯ 문) 아이들이 미국에 유학 중에 있고 부인이 F비자를 받아서 아이들을 돌보고 있으나 여러 가지 불편한 점이 많아 NIW나 1순위 영주권을 고려 중에 있습니다. NIW에서는 추천서가 중요하다는데, 추천서를 어떻게 작성하나요?

⋯ 답) 추천서 작성에는 일정한 형식이나 작성하는 규칙이 없습니다. 추천서는 추천인이 직접 작성하는 경우도 있지만, 대부분의 추천인들은 신청자들이 작성해 온 추천서를 읽어 보고 수정하거나 사인만 합니다.

추천서를 작성하는 데 있어서 변호사 사무실에서 추천서 초안 작성을 도와주는 경우가 많습니다. 추천서 초안을 작성할 때 중요한 것은 신청자가 신청자와 추천인과의 관계, 추천인의 영문 CV, 추천받고자 하는 내용, 신청자의 업적 등 추천서 작성에 필요한 자세한 정보를 변호사에게 주어야 합니다. 또 전문적인 부분은 신청자의 협조가 있어야 합니다. 이러한 기본적이고 자세한 자료를 변호사가 알지 못하면, 변호사는 추천서 초안을 작성할 수 없습니다.

> 문) 추천서에는 어떤 내용이 들어가야 하나요?

> 답) 추천서에는 피 추천인이 어떠한 중요한 업적을 이루어 냈다는 구체적인 내용이 담겨 있어야 합니다. 추천인이 그 분야에서 유명한 사람인 것도 중요하다고 할 수 있으나, 그보다는 추천서 내용이 더 중요합니다.

변호사의 도움 없이 신청자가 사전에 자기 추천서 초안을 작성해 오는 경우도 있는데, 이런 경우에는 변호사가 다시 손을 보아야 하는 경우가 많습니다. 변호사의 도움을 받지 않은 추천서는 초점을 잃고, 뜬구름 잡는 이야기가 많습니다. 이런 추천서는 아무리 많아도 소용없습니다.

> 문) 변호사가 신청자도 모르는 추천인까지 직접 선정을 해 주고 또 알아서 추천서를 작성해 주는 경우도 있나요?

> 답) 절대 그럴 수 없습니다. 변호사는 신청자도 모르는 추천인을 구체적으로 추천할 수 없습니다. 신청자의 연구 실적과 업적은 신청자가 가장 잘 압니다. 따라서 그 분야의 전문가나 추천인으로서 누가 적당한지는 신청자가 잘 알 수 있지, 변호사가 알 수 없습니다.

추천인에 대한 일반적인 사항 외에는 구체적인 추천인을 추천할 수 없으며, 이 부분을 변호사가 조언해 줄 수 없습니다. 다만 일반적인 사항, 즉 여러 명의 추천인 예상자 명단과 이분들의 CV를 가져오면, 이분들 가운데 어느 분이 좋겠다는 정도의 조언은 해 드릴 수 있습니다. 각 사람마다 연구 분야가 다르고 또 수천 수만 가지 전공이 다르기 때문에 변호사는 그 분야에서 누가 전문가인지 알 수 없는 것입니다.

추천인을 신청자가 결정하고 추천내용의 윤곽이 잡히면, 변호사는 추천서 초안의 작성을 도와줍니다. 이때 전문 용어나 전문 분야에 대해서는 신창자의 협조가 필수적입니다. 변호사가 처음부터 끝까지 다 할 수는 없습니다.

[NIW영주권 준비]

→ 문) 변호사를 통하여 NIW영주권을 준비하려고 합니다. 빨리 진행시키기 위해서는 무엇부터 준비하여야 하나요?

→ 답) 청원서(I-140) 준비 시 제일 먼저 영어 CV를 자세하게 작성하고, 둘째, 신청자의 업적을 자세하게 변호사에게 알려 줘야 합니다. 신청자의 전공, 분야별 내용과 업적을 변호사가 알아야 합니다.

셋째, 이것을 바탕으로 신청자는 변호사와 상의하여 추천인을 선정하고 어떤 내용을 추천받을지에 대한 상의가 필요합니다. 위의 서류들(신청자의 이력서, 업적, 추천서 등)을 보고, 변호사가 필요한 서류를 준비하라고 할 것입니다.

마지막으로, 위의 자료를 바탕으로 변호사는 미국 이민국을 설득할 커버레터를 작성합니다.

청원서(I-14) 제출 후, 이민국에서 청원서를 심사하는 기간 동안 청원서 승인을 대비하여 영주권 수속에 필요한 서류를 준비합니다. 경우에 따라서는 청원서와 신분변경(I-485)을 동시에 준비하실 수도 있습니다.

[변호사 선임]

⋯ 문) NIW진행 시 청원서(I-140)만 변호사에게 위임하고, 영주권 수속 절차는 본인이 직접 하려고 합니다. 본인이 직접 할 수도 있나요?

⋯ 답) 변호사를 거치지 않고 신청자가 직접 청원서를 제출하거나 영주권 수속 절차를 밟을 수 있습니다. 그러나 NIW를 변호사에 위임할 경우, 청원서(I-140)뿐만 아니라 가급적 영주권 수속 절차인 신분변경(I-485)도 위임하는 것이 좋습니다. 경험이 있으시면 혼자해도 문제 없으나 서류 하나 하나 챙기는 것은 그리 쉬운 일이 아닙니다. 경비에 부담이 없으시면 가급적 변호사 사무실에 의뢰하는 것이 좋습니다.

참고로 말씀드리면, NIW진행을 한국에서 하시는 경우, 청원서(I-140)만 변호사에게 위임하는 것은 바람직하지 않습니다. 한국에서 진행하는 경우에는 대사관에서 인터뷰를 거쳐야 하고, 미국 내에서 I-485로 진행하는것보다 절차가 복잡할 뿐만 아니라 시간도 더 걸립니다. 혹시라도 서류 하나를 빠트리면 몇 달 더 늦어집니다.

⋯ 문) 대학 병원에 근무하는 현직 의사 입니다. 현재 미국에 J비자로 연수 중에 있으며, NIW를 통한 영주권을 신청하려고 변호사를 물색 중에 있습니다. 미국계 변호사나 중국계 변호사를 선택하는 것이 좋은지 또는 한국계 변호사를 선임하는 것이 좋은지 고민하고 있습니다. 좋은 의견 있으면 주시기 바랍니다.

⋯ 답) 한국계 미국 변호사를 통하는 것이 여러 모로 편리합니다. 안식년을 통하여 미국에 오신 교수님들이나 의사 선생님들의 경우, 대부분 J비자를 소지하신 분이 많습니다. 영주권을 신청하시기 전에 J비자 웨이버를 게을리 해서는 안됩니다. J비자 웨이버는 한국 대사관과 관련이 많아서 미국계 변호사나 중국계 변호사들은 잘 모르는 경우가 많습니다. 따라서 한국 말이 잘 통하는 한국계 변호사를 통하는 것이 편리합니다. 또한 영주권을 받은 후에도 자녀들의 병역 문제, 여권 문제, 한국 내의 재산 처분 문제, 한국을 왕래하여야 할 경우 Reentry Permit 문제, 5년후 시민권 신청 시 야기될 수 있는 문제, 한국과 미국에 세금 납부 문제 등 부수되는 법률 문제가 한둘이 아닙니다. 따라서 영주권을 받은 후에도 이와 같은 여러 가지 한국 법률 문제를 상담받기 위해서는 가급적 한국 법률에도 정통한 변호사를 통하는 것이 좋습니다.

2) 1순위 EB-1(1) 관련 Q&A

[1 순위 Eb-1(1)자격요건: 특별한 능력자(Extraordinary ability alien)]

⋯▶ 문) 현직 대학 교수입니다. 대학교수들은 1순위가 쉽다고들 하는데, 1순위 Eb-1(1)의 자격요건에 대하여 궁금합니다.

⋯▶ 답) 1 순위 Eb-1(1), 특별한 능력자(Extraordinary ability alien)에는 두 종류가 있습니다.

첫째는, 올림픽 금메달이나 노벨상정도의 수상경력과 맞먹는 정도의 수상 경력이 있고 저명도가 있는 특별한 능력자(Extraordinary ability alien)입니다.

둘째는 첫 번째보다는 덜 유명한 사람들로, 대부분 교수님들이 이에 해당됩니다. 이민법에서 규정하고 있는 10가지 조건 중 3가지만 충족하면 됩니다. 2가지 조건은 연예인, 예술인 등에 해당되기 때문에 실질적으로는 8가지 조건 중 3개 조건에만 해당되면 되는데, 이들 조건 하나하나가 인정을 받기가 무척 어렵습니다.

10년 이상 교수님으로 재직하신 분들은 1순위 자격요건에 해당되시는 분들이 많습니다. 이러한 경우, 교수님들은 NIW보다는 1순위로 진행하시는 것이 유리합니다.

⋯▶ 문) NIW(Exceptional Ability)와 1순위(특별한 능력자, Extraordinary ability alien)의 차이는 무엇인지요? NIW와 1순위(특별한 능력자)는 별

차이가 없다는데, 맞는 이야기인가요?

⋯ 답) NIW는 취업영주권 2순위입니다. NIW는 고용주(스폰서)와 노동허가가 필요 없다는 점에서 특별한 능력의 소유자 (Extraordinary ability alien)를 위한 취업이민 1순위(EB-1(1))와 비슷합니다. 다만 1순위는 이민법에 구체적인 기준을 정해 놓았는데, NIW는 그 기준이 다소 애매한 점에서 차이가 있습니다.

⋯ 문) 자녀들의 장래를 위하여 NIW를 통한 영주권을 받으려고 합니다. 일부에서는 NIW는 1순위, EB-1(1)과 유사하다고 하면서 1순위를 권하고 있습니다. NIW와 1순위, EB-1(1)중 어느 것으로 진행할지 고민 중에 있습니다. 저에게 어느 방법이 좋을지 조언 부탁드립니다.

⋯ 답) 1순위 자격이 된다면 1순위(특별한 능력자, Extraordinary ability alien, Eb-1(1))로 추진하시기 바랍니다. NIW와 Eb-1(1) (1순위 영주권 중 특별한 능력자)은 모두 고용주(스폰서)가 없이 영주권을 받을 수 있는 방법입니다. 모두 취업 영주권에 해당됩니다.

사람마다 1순위가 유리한 분이 있고, NIW가 유리한 분이 있습니다. 개개인마다 모두가 다릅니다. 대체적으로 교수님들은 1순위가 유리하고, 박사, 개업의들은 NIW가 유리합니다.

1순위와 NIW제출 서류는 비슷합니다. 1순위가 더 어렵기 때문에 1순위를 준비하면서 쉽게 바로 NIW서류 작성을 마칠 수 있습니다. 일부 사람들은 1순위와 NIW를 동시에 준비하는 사람도 있습니다.

1순위를 추천하는 이유는 결론이 빨리 나기 때문입니다. 급행료만 이민국에 내면 2주 안에 청원 결과를 알 수 있습니다. 또 1순위를 준비하다 보면, NIW는 쉽게 진행됩니다. 1순위에 맞추기 위해 꼼꼼하게 자료를 준비하다 보면, NIW 준비 자료가 충실해집니다.

[1순위 가능성]

⋯ 문) 영주권을 신청하려는 포스닥 과정에 있는 연구원입니다. 박사학위를 받고, 현재 OPT 포닥으로 있습니다. 포닥 계약기간이 몇 달 지나지 않으면 종료됩니다. 다음 사항에 대하여 질문드립니다.

1. 저의 논문이 몇 편 되지 않는데, 1순위 EB1-(1)으로 영주권 신청을 하여도 성공할 수 있을까요?
2. 1순위와 NIW 동시에 접수시키는 방법은 어떤가요?
3. 포닥 계약 기간이 종료되어서 직장을 못 찾을 경우, 미국에 거주할 수 있는 방법에는 무엇이 있나요?

⋯ 답)

1. CV를 보지 못해 정확한 판단은 어려우나 1순위(특별한 능력자, Extraordinary ability alien, Eb-1(1))는 어려워 보입니다. 1순위는 여러 조건 중 3가지 조건만 갖추면 승인받을 수 있으나, 그 조건 하나하나가 엄격하고 까다롭습니다. 1순위는 대학 교수 분들이 유리합니다. 그동안 수없이 많은 포스닥 과정에 계시는 분들의

이력서를 보고 검토한바, 이분들은 1순위 조건을 맞추기가 쉽지 않습니다. 가급적 NIW 쪽으로 추진하시는 것이 바람직해 보입니다.

2. NIW와 1순위 청원서를 같이 접수하는 경우도 있으나 1순위 가능성이 없으면 1순위는 진행하지 않는 것이 좋습니다. 이민국 수수료만 낭비합니다.

3. 청원서(I-140)와 신분변경(I-485)을 동시에 접수시켜서 진행하는 방법이 있습니다. 동시 진행 시 신분 유지는 되고 Work Permit을 받고 일을 할 수 있으나 청원서(I-140)가 승인되지 않을 경우를 생각하여서 다른 비자를 염두에 두시기 바랍니다. J비자로 신분을 변경 시에는 웨이버를 받아야 하는지도 고려하시기 바랍니다.

⋯ 문) 대학 병원에 교수직으로 있습니다. 변호사와 상담한바 1순위(특별한 능력자, Extraordinary ability alien, Eb-1(1))의 가능성은 다소 불투명하나, NIW는 가능성이 많다고 합니다. 변호사는 1순위와 NIW 동시에 청원서를 제출하자고 합니다. 동시에 청원서를 제출하여 진행이 가능한지요? 개인적인 사정상 영주권을 빨리 받아야 합니다.

⋯ 답) NIW와 1순위(특별한 능력자, Extraordinary ability alien, Eb-1(1))의 동시 진행이 가능합니다. 또 1순위는 프리미엄(Premium) 수속이 가능합니다. 이민국에 급행수수료를 납부하면, 2주 안에 결과를

알려 줍니다. 따라서 1순위 프리미엄으로 수속을 한 후 2주 내에 결과가 좋지 않으면 바로 NIW를 진행하는 것도 하나의 방법입니다.

⋯▶ 문) 자녀들의 교육과 나의 제2의 인생을 위하여 미국 이민을 고려 중입니다. 이를 위하여 NIW나 1순위(EB-1(1)를 통한 영주권을 신청하려 하는데, 영주권 진행 과정을 알고 싶습니다. 사정상 자녀들의 나이가 21세가 가까워져서 빨리 진행하고 싶은데, 청원서 승인기간은 어느 정도 걸리나요?

⋯▶ 답) 영주권 진행 과정은 두 단계로 나누어서 진행됩니다. 첫째는 청원서(I-140) 승인이고, 둘째는 영주권 수속 절차입니다. 영주권 수속 절차는 신청인이 한국에 있을 경우 주한 미국 대사관을 통하여 이민비자를 받는 방법과, 신청인이 미국에 있을 경우 미국에서 신분변경 절차(I-485)를 거쳐서 영주권을 받는 방법이 있습니다.

청원서만 승인되면 거의 다 되었다고 보면 됩니다. 범죄 행위가 있거나, 전염병이 있거나, 간첩 행위 등 미국에 범죄 행위를 저지르지 않았으면 대부분 영주권이 나옵니다. 제일 중요한 것이 청원서(I-140) 승인을 받는 것입니다.

NIW청원서 승인 기간은 평균 4-6개월 정도 걸립니다. 사람에 따라서 승인 기간에 약간씩 차이가 있습니다. 1순위는 프리미엄으로 진행할 경우 이민국에 급행 수수료를 납부하면 2주만에 결과를 알 수 있습니다. NIW는 프리미엄 수속이 없습니다. 따라서 시간이 촉박하다면, 1순위 프리미엄으로 진행하여 보시기를 바랍니다.

⋯ 문) 예술 분야에 종사하고 있습니다. 미국에 교수로 채용되어 근무한 지 2년 되었으며, O-1b비자를 가지고 있습니다. 영주권을 취득할 수 있는지요? NIW를 통하는 방법과 1순위를 고려하고 있습니다. 가능하다면 일반 2순위도 생각 중입니다. 어떤 방법이 좋을지요?

⋯ 답) 여러 가지 방법을 생각하실 수 있겠습니다. 1순위 Eb-1⑴과 2순위인 NIW는 스폰서 없이 진행하는 것입니다. 일반 2순위는 고용주가 있어야 하고 노동허가를 받아야 합니다.

따라서 자격이 된다면 NIW나 1순위를 통하여 영주권을 받는 것이 바람직합니다. 1순위 중 Eb-1⑵는 해당되지 않습니다(대학교수나 연구원만 해당). 이것은 3년 이상 근무하여야 하고, 학교에서 스폰서를 해 줘야 합니다.

⋯ 문) O-1b 비자를 가지고 미국에 취업 중에 있습니다. O-1 비자를 소지한 자는 1순위 영주권(특별한 능력자, Extraordinary ability alien, Eb-1⑴) 받기가 쉽다고 하는데, 맞는 이야기인지요?

⋯ 답) 그렇지 않습니다. 많은 분들이 O비자만 가지고 있으면 Eb-1⑴을 통한 영주권을 받을 수 있다고 생각하시는데, 많이 착각하고 계십니다. O-1b비자를 가지고 계시다면, 예술, 방송, 영화 부

분 등에 관계하시는 분으로 판단됩니다. O비자를 발급받기 위해서는 특별한 능력이 있어야 합니다. 그러나 O비자와 Eb-1(1)의 자격 요건을 만족시키는 특별한 능력은 그 기준이 다르며, Eb-1(1)이 더 엄격합니다.

3) J비자 관련 Q&A

[본국 2년 거주 의무(two-year home-country physical presence requirement)]

⋯ 문) 본국 2년 거주 의무(two-year home-country physical presence requirement) 란 무엇인가요?

⋯ 답) J비자의 본국 2년 거주 의무는 J비자 소지자 중에서 일정한 요건에 해당되면 비자 만료 시 본국으로 돌아가 2년 이상 거주하도록 한 이민법상의 규정입니다.

J-1 비자 소지자가 본국 2년 거주 의무에 해당할 경우, 체류 기간이 만료되면 미국을 떠나서 자기 본국에서 2년을 거주하여야 합니다. 본국 거주 의무에 해당할 경우 이에 대한 면제(Waiver)를 받지 않으면, 다른 비자로 미국 내에서 신분 변경을 신청할 수 없습니다(예외 A, G비자).

⋯ 문) J비자 소지자입니다. 저의 비자에 2년 거주 의무 조항이 있습니다. 제가 미국에서 신분변경으로 다른 비자로 바꾸려 하는데

가능한지요?

⋯ 답) 안 됩니다. J비자 소지자에게 본국 2년 거주 조항이 적용되는 경우, 실지로 본국에 돌아가서 2년간 거주하거나 웨이버(면제)를 받지 못하면 미국 내에서 다른 비자로 신분을 변경하지 못합니다(예외 A, G 비자).

⋯ 문) 2년 거주 의무가 있는 J-1 비자 소지자가 서울에 있는 미국 대사관에서 다른 비이민비자를 받을 수 있나요?
⋯ 답) 비이민비자(학생비자 등)는 받을 수 있습니다. 그러나 H비자, L비자, K비자는 받을 수 없습니다.

⋯ 문) 현직 대학 교수입니다. 안식년 중이고 J비자로 미국에 와 있습니다. 비자에는 2년 거주 의무가 찍혀 있습니다. NIW를 시작하려면 어떻게 해야 하나요?
⋯ 답) 먼저 J비자 웨이버를 받아야 합니다. J비자를 소지한 자가 NIW를 시작하려면 미국 이민국에서 J비자 웨이버를 승인받아야 합니다. 웨이버를 승인받지 못하면 영주권을 신청할 수 없습니다. 웨이버(면제)를 승인받지 못해도 청원서는 신청할 수 있는데, 마지막 단계에서 이민비자나 신분변경(I-485)을 신청하지 못합니다.

[본국2년 거주 의무 해당자]

⋯ 문) 어떤 경우에 본국 2년 거주 의무에 해당하게 되나요?

…▶ 답) 다음과 같은 경우에 2년 거주 의무가 적용됩니다. 첫째, 미국 정부기관 혹은 본국 정부기관이 J-1 비자 소지자의 교환 방문 프로그램에 자금 지원하는 경우와 둘째, J-1 비자 소지자가 본국에서 특별히 필요로 하는 기술(Skill List에 해당)을 가진 경우입니다. 이때, J-1 비자 소지자의 동반 가족(J-2)도 2년 본국 거주 의무에 해당합니다.

…▶ 문) 사립대학 교수입니다. 법학계열 교수인데, 미국 연수를 준비 중입니다. 저의 경우 J비자 본국 2년 거주 의무에 해당되나요?
…▶ 답) 해당되지 않습니다. 사립 대학교 교수는 정부로부터 자금 지원을 받아서 연수비용을 충당한 것이 아닙니다. 또 이 법학 분야는 국무부 기술지원 목록에도 없습니다. 따라서 거주 의무에 해당되지 않습니다. 그러나 만약에 연수 자금을 한국 정부나 미국 정부로부터 지원을 받을 경우에는 해당됩니다.

…▶ 문) 한국의 지방에 있는 사립 대학에 재직 중인 교수입니다. J비자로 현재 미국에 안식년을 왔습니다. 저의 비자에는 2년 거주 의무가 있습니다. 저는 비자를 연장한 후, 내년 중으로 NIW를 통하여 영주권을 받으려고 합니다. 이때 주의하여야 할 사항이 무엇인지요?
…▶ 답) 먼저 본국 거주 의무에 대한 웨이버(면제)를 받아야 합니다. 웨이버(면제, waiver) 없이는 영주권 신청이 불가능합니다. 또 웨이

버(면제)를 받게 되면 그 J비자는 더 이상 비자 연장이 안 됩니다. 현재 가지고 계신 J비자를 마지막으로 연장하자 마자 바로 웨이버(면제) 하고 영주권을 진행하시는 게 바람직해 보입니다. 마지막 J비자 연장 후 최소 1년 정도(청원서 승인, 영주권 수속절차)의 시간적 여유가 있어야 합니다.

본국 거주 의무가 있는 J비자도 청원서 (I-140)는 신청할 수 있습니다. J웨이버 신청을 하면서 그 결과가 나오는 동안 청원서 (I-140)를 준비하시면 시간을 절약할 수 있습니다. 웨이버 승인은 I-485(신분변경)나 이민 비자 신청 시(대사관)까지만 받으면 됩니다.

[본국 거주 의무를 웨이버(면제) 방법]

⋯▶ 문) 어느 경우에 본국 2년 거주 의무에 대한 웨이버를 받을 수 있나요?

⋯▶ 답) 다음 네 가지 중 한 가지를 만족하는 경우, 본국 거주 의무를 면제받을 수 있습니다.

첫째, 미국 정부 기관에서 J-1 비자 본국 거주 의무 면제를 요청하는 경우. 보통 미국의 국가안보나 공익에 대한 이로움을 토대로 이러한 요청이 이뤄집니다.

둘째, J-1 비자 소지자의 배우자 또는 자녀가 2년 본국 거주 의무 때문에 이례적인 곤란을 겪을 수 있다고 판단되는 경우.

셋째, J-1 교환 방문자가 모국으로 돌아갈 경우에 인종, 종교, 정치적 신념, 국적, 특정 단체 회원자격 등의 이유로 박해의

대상이 된다는 것을 증명할 수 있는 경우.

넷째, 교환 방문자의 모국 정부에서 해당 개인이 미국에 머무는 것에 대해 이의가 없다는 "No Objection Letter" 편지를 발행하는 경우(단, 외국의사로서 인턴을 한 경우 제외).

⋯ 문) 제가 참여한 프로그램이 미국 정부나 한국 정부 또는 미국 정부나 한국정부의 지원금을 받은 국제단체의 재정 지원을 받았는지 어떻게 알 수 있나요?

⋯ 답) 이를 정확하게 알아보려면 교환 방문 프로그램의 담당자에게 문의해야 합니다. 만약 본인이 참여한 교환 방문 프로그램이 미국 정부나 한국 정부 또는 미국 정부나 한국정부의 지원금을 받은 국제 단체로부터 재정 지원을 받았다면 2년 본국 거주 의무에 해당합니다.

[J비자 웨이버 절차: No Objection Letter]

⋯ 문) 저의 비자에는 2년 본국 거주 의무 조항이 있습니다. 이 거주 의무를 웨이버(면제)받고 싶습니다. 면제 받는 절차는 어떤가요?

⋯ 답) 미국 이민법상 앞에서 설명한 여러 가지 방법이 있으나, 주미 한국 대사관에서 귀국의무 면제를 반대하지 않는다는 서신을 미국무부에 제출하여 웨이버(면제) 받는 방법을 많이 사용하고 있습니다. 이것을 가리켜 "No Objection Letter를 통한 방법"이라고 합니다.

⋯ 문) No Objection Letter를 통한 웨이버 절차는 어떻게 이루어지나요?

⋯ 답) 이 방법을 통한 절차는 다음과 같습니다.

미국 전 지역에 있는 웨이버(면제) 신청자들이 지역을 관할하는 총영사관에 서류를 접수하면, 총영사관에서는 이서류를 워싱턴 DC에 있는 주미 한국대사관에 보냅니다. 대사관에서는 신청인의 웨이버 요건을 심사한 후 미 국무부에 웨이버 (면제)를 요청합니다. 이때 주미 한국 대사관에서는 미 국무부에 No Objection Letter를 통한 외교서한으로 웨이버(면제)를 의뢰합니다.

국무부에서 이것을 심사한 후 이민국에 추천하면, 최종적으로 이민국에서 결정을 합니다. 이 승인서를 비자 변경이나 영주권 신청 시 첨부해야 합니다.

⋯ 문) 웨이버 승인을 받기 위하여 모든 서류를 준비하였고, 주미 한국대사관에서는 미 국무부에 No Objection Letter를 보냈습니다. 이런 경우에도 미 이민국에서 승인이 나지 않을 수 있나요?

⋯ 답) 몇몇 특정한 미국의 정부기관에서 자금 지원을 받은 경우를 제외하고는 대부분 승인이 납니다. 국무부에서 검토 후 타당성이 있으면 국무부에서는 이민국에 웨이버를 하여 주도록 요청을 합니다. 미국무부에서 타당성이 있다고 이민국에 요청하면, 거의 대부분 승인해 줍니다.

[귀국의무 면제 확인서]

··▶ 문) 웨이버(면제)를 받기 위해 주미 한국대사관에 No Objection Letter를 요청하려고 합니다. 그런데 주미 한국 대사관에서는 "귀국의무 면제 확인서"를 제출하라고 합니다. 귀국의무 면제 확인서를 어떻게 제출해야 하나요?

··▶ 답) 주미 한국대사관에서는 미국 국무부에 "No Objection Letter"를 보낼 때 사전에 아주 엄격하게 심사를 합니다. 미국 전역에 있는 총영사관에서 올라온 개개인의 개별 신청 서류를 검토하는데, 제일 중점을 두는 사항은 "귀국의무면제 확인서"입니다. 국내에서 자금지원을 받거나 직장이 있는 분들은 반드시 해당기관에서 확인하고, 기관장의 직인이 찍힌 귀국의무 면제 확인서를 제출하여야 합니다. 이것이 없으면 대사관에서는 절대로 No Objection Letter를 발급하지 않습니다.

최근 J 비자를 소지 하신 분들이 어렵게 NIW와 EB-1의 청원서 승인까지 받으셨으나 해당 직장에서 귀국의무면제에 동의해 주지 않는 바람에, 결국 J비자 본국거주 의무가 웨이버(면제)가 되지 않아서 전 가족이 영주권은 고사하고 귀국하여야 하는 사례를 여러 건 보았습니다.

··▶ 문) J비자 웨이버(면제)를 받기위해서 현재 직장의 기관장이 귀국의무 면제 동의서를 발급해 줘야 한다고 하는데, 그 이유가 무엇입니까?

…) 답) 외교부에서 미 국무부에 No Objection Letter를 보낼 때 J비자 소속기관과 자금을 지원한 기관의 귀국의무면제 확인서를 받도록 법령에 규정되어 있습니다.

과거 자금 지원을 받고 J비자로 미국에 온 후 귀국하지 않은 경우가 있었는데, 해당 기관에서 강력한 항의가 있어 주미 한국대사관에서는 No Objection Letter를 미 국무부에 보낼 때 아주 엄격하게 심사합니다.

…) 문) 대학 교수입니다. 웨이버를 받으려고 현재 재직 중인 대학에 귀국의무 면제확인서의 기관 동의를 요청했는데, 제가 소속된 대학에서는 절대 해 줄 수 없다고 합니다. 이 경우에 저는 웨이버를 받을 수 없나요?

…) 답) J비자 웨이버를 받기 어렵습니다. 웨이버(면제)를 받으려면 No Objection Letter 를 통한 방법을 가장 많이 이용하고, 사실상 이 방법밖에 없습니다. No Objection Letter를 받으려면 원 소속기관에서 귀국의무 면제를 동의해 주어야 합니다. 주미 한국대사관에서는 기관장의 동의가 없으면(반드시 기관장 직인을 받아야 함) 미국무부에 외교레터로 No Objection Letter를 써 주지 않습니다.

[웨이버 소요시간]

…) 문) J-1 비자 기간이 만료되어 지난달 한국으로 귀국하였습니다. 취업비자를 신청하려고 하는데 2년 국내 거주 의무가 있어 약

> 3달 전에 J-1 웨이버 신청을 완료했습니다. 영사관과 미국무부에 모든 서류와 수수료를 보냈습니다. 그리고 대사관에서 미국무부로 No Objection Letter를 보냈다는 연락도 받았습니다. 그런데 3달이 지난 지금도 미국무부 웹사이트에는 'No Information'이라고 뜹니다. 심지어 'Pending'도 아닙니다. 다른 사람들을 보면 약 2~3달이면 완료되는 것 같은데, 저는 왜 아직도 No Information인지 답답합니다. 혹시 어떤 이유에서든지 중간에 메일이 분실되었을 가능성도 생각하고 있습니다. 정말 더 기다려 봐야 하는 것인가요?

··➔ 답) 보통 모든 서류를 접수하고 1달 정도 지나 국무부 싸이트에 Case 번호 입력하면 접수내용이 나옵니다. 3달이 경과했는데 접수내용이 나오지 않으면 이상합니다. 이미 국무부 승인까지 나야 할 시간입니다. 혹 한국에서 모든 서류를 접수하고 일반 메일로 보낸 경우, 중간에 우편물이 분실되었을 염려가 많습니다. 반드시 Certify 메일로 하고, 우편물 도착 여부를 확인해야 합니다.

먼저 우편물이 정확히 도착했는지 확인하시기 바랍니다. 국무부 승인이 난 후 이민국 승인이 나는데1달 가량이 더 걸립니다. 또 이민국에서 한국으로 우편 배달 하는 경우, 우편 분실이 많습니다. 미국 국무부와 이민국에서 우편물을 발송할 때 일반 우편물로 발송하기 때문에 미국 내에서도 자주 우편물이 분실됩니다. 그러므로 국제 우편으로 보낼 때는 분실 가능성이 더 크다고 할 수 있습니다.

이민국과 국무부에서 변호사에게도 승인서 1부를 보내 주는데, 변호사가 현재 미국에 있다면 한국에서 우편물 받는 시간을 훨씬 절약하고, 우편물의 분실을 막는 데 도움이 될 수 있습니다.

⋯ 문) 안식년을 맞아 미국대학에 J방문비자를 가지고 교환교수로 와 있습니다. 저의 J비자에는 2년 거주 의무가 있습니다. NIW를 통한 영주권 신청을 하기 위해 12월에 웨이버(면제) 신청을 했는데, 3개월이 지난 지금도 확인되지 않습니다. 어떤 문제가 발생한 것일까요?

⋯ 답) J비자 웨이버는 보통 3-4개월 정도 시간이 소요됩니다. 그리고 연말 연초에는 다소 시간이 더 걸립니다. 아마 연말 연초에는 이들 기관들도 일이 밀리는 것 같습니다.

웨이버(면제) 신청은 신청인이 DS-3035와 Cashier Check를 국무부에 보내고, 주미 한국대사관에서 NO Objection Letter를 미 국무부에 보낸 후 1달 이상 지난 후에 Case Status가 확인 가능합니다. 중간에 우편물이 분실되지 않았는지 확인이 필요합니다.

⋯ 문) 박사 후 과정에 있는 연구원입니다. 현재 미국연구소에 있으며, NIW를 통한 영주권을 준비 중입니다. 제 비자에는 2년 거주 의무가 있는데, 먼저 하여야 할 사항은 무엇입니까?

⋯ 답) J비자 본국거주 의무를 웨이버(면제) 받아야 합니다. J비자 웨이버(면제) 없이는 영주권 진행할 수 없습니다.

NIW나 EB-1을 통하여 영주권을 신청하시는 분들은 대학교수,

의사, 연구원이나 연구소의 박사들이 대부분입니다. 또 이분들은 J비자를 많이 가지고 있습니다.

어렵게 청원서를 승인받고, 영주권을 신청하는 본 단계에 와서 J비자 웨이버가 안 되거나 지체되어 어려움을 겪는 경우가 많습니다.

⋯ 문) J비자로 미국에 교환교수로 와 있는 현직 대학교수입니다. NIW를 통한 영주권을 고려하고 있습니다. 그런데 저의 J비자에 2년 거주 의무가 있습니다. J비자 웨이버를 받아야 영주권 신청이 가능하다고 하는데 언제까지 웨이버를 받아야 하나요? 빠른 시간 내에 영주권 취득을 위하여 사전에 준비하여야 할 사항에는 무엇이 있습니까?

⋯ 답) 청원서를 제출하는 I-140 절차는 J비자 웨이버와 관계 없습니다. 신분변경(I-485) 접수 시까지만 웨이버를 받아도 됩니다. 따라서 J비자 웨이버와 140 절차를 동시에 진행하시면 시간 절약에 도움이 됩니다.

[J-2비자의 거주 의무]

⋯ 문) 본인은 J-1비자이고, 배우자 및 자녀들은 J-2비자로 있습니다. 본인은 한국으로 귀국하여 2년 거주 의무를 이행했습니다. 아이들과 엄마는 한국에서 F비자를 받고 미국에 있는데, 미국에서 모든 가족이 영주권을 신청할 수 있나요?

⋯ 답) 안 됩니다. J-1 이 본국 2년 거주 의무를 다했다 해도, 별도로 J-2비자인 자녀들과 배우자는 2년 거주 의무를 다하거나 웨이버(면제)를 받아야 합니다.

[J-2의 웨이버 절차]

⋯ 문) 저는 J-1비자인 아버지를 따라 미국에 왔고 부모님은 한국으로 돌아갔습니다. 저는 미국에 남아서 공부를 계속하였고, 취업비자를 받으려고 합니다. J-2비자였던 저는 웨이버(면제)를 신청할 수 있는지요?

⋯ 답) 안 됩니다. J-2비자는 혼자서 웨이버(면제) 하지 못합니다. 반드시 J-1비자가 하여야 합니다. J-2비자가 혼자 할 수 있는 방법도 있기는 하나, 심사가 매우 엄격합니다.

⋯ 문) NIW를 준비 중인 국립대 교수입니다. J비자를 가지고 있고 비자에는 2년 거주 의무가 없습니다. 거주 의무에 해당되는지요?

⋯ 답) 비자에 본국 거주 의무가 없다고 해도 해당이 됩니다. 국립대 교수들은 대부분 거주 의무 조항에 걸립니다. 왜냐하면 한국 정부로부터 자금 지원을 받기 때문입니다. 개인 자금으로 프로그램에 참여했다면, 해당한 경우 프로그램이 국무부 Skill List에 해당되면 거주 의무에 해당됩니다.

… 문) 저는 귀국하여 2년 거주 의무 기간을 이행했습니다. 자녀들은 계속하여 미국에서 F비자로 학업 중에 있습니다. 제가 NIW를 시작하면 자녀들도 같이 영주권을 받을 수 있나요?

… 답) 먼저 교수님이 J비자 웨이버(면제)를 받아서 2년 거주 의무조항을 풀어 주어야 합니다. 부모인 J-1이 한국에 2년 의무를 마쳐도 J-2(자녀, 배우자)는 족쇄가 풀리지 않으므로 웨이버를 받아야 합니다. 자제분들은 웨이버를 받지 않으면 영주권을 취득할 수 없습니다.

… 문) 제가 속한 학교에서는 귀국의무 면제 동의를 해 주지 않습니다. 이 경우 우리 아이들이 어떻게 하나요? 대사관에서 우리 아이들에게 No Ojection Letter를 발급해 주나요?

… 답) 대사관에서는 J-2를 위한 No Ojection Letter는 써 주지 않습니다. 대부분 대학에서는 J-1에 대하여 쉽게 귀국 의무면제 동의를 해 주지만, 일부 대학에서는 J-1에 대하여서도 절대 해 주지 않습니다. 각 기관마다 사정이 다르니, 사전에 소속기관에서 귀국 의무 면제에 동의해 주는지 확인하시고 시작하셔야 합니다.

여기에서 중요한 것은 J-1이 웨이버를 받으면 자동으로 J-2의 족쇄는 풀리나 J-2는 스스로 족쇄를 풀지도 못한다는 사실입니다. 21살이 넘거나, 부부가 이혼을 할 경우에만 스스로 풀 수 있습니다. 주미 한국 대사관에서는 21살이 넘어도 J-2만을 위한 NO Objection Letter를 써 주지 않습니다.

[전문변호사]

···▶ 문) J비자로 박사 후 연구 과정으로 와 있습니다. 그리고 현재 취업 비자나 영주권을 받기 위하여 웨이버 신청을 준비 중입니다. 여기저기 인터넷 사이트를 검색도 해 보고, 또 변호사에게 문의도 해 보고 있으나 정보가 정확하지 않을뿐더러 속시원하게 정확한 정보를 알 수 없습니다.

···▶ 답) 인터넷이나 전문가 사이트에 J비자와 관련하여 잘못된 내용이 많습니다. 심지어 변호사들도 잘못된 내용을 알고 있으므로 많은 주의가 필요합니다. 빠르고 안전하게 웨이버를 받을 수 있는데, 많은 분들이 많은 시간을 투자하고 마음고생도 많이 하고 있습니다. 심지어 잘못된 내용으로 일을 진행하다가 고생하시는 분도 많습니다.

정확하게 이 내용을 아는 변호사의 조언이 필요합니다. 최근에는 한국 대사관에서 No Objection Letter 발급에 엄격하게 심사하고 있습니다.

4) 취업영주권 관련 Q&A

···▶ 문) 취업영주권과 관련하여 노동허가 승인받는 데 어느 정도 시간이 걸리나요?

···▶ 답) 노동부 평균임금 확정 1개월, 고용사전 준비(신문광고 및 주정부 사이트 등록 등) 2개월, PERM으로 연방정부 신청 및 승인 2~3개

월, 도합 6-8개월 정도 걸립니다. 그리고 감사(Audit)에 걸리면 2년 정도 걸립니다. 최근에는 그 시간이 많이 단축되고 있습니다.

⋯ 문) 노동허가는 어떻게 받나요?
⋯ 답) 고용주가 노동부로부터 평균 임금을 먼저 확인받고, 이를 근거로 전산을 통해 연방정부에 신청하면 연방노동부에서 승인 여부를 결정합니다.

⋯ 문) 고용주(스폰서) 없이 취업영주권이 가능한 순위에는 무엇이 있나요?
⋯ 답) 1순위 중 특별한 능력을 보유한(Extraordinary Ability Alien, EB-1(1))와 2순위 중 NIW뿐입니다. 이들은 스폰서가 필요 없을 뿐만 아니라, 노동허가도 필요 없습니다.

⋯ 문) 취업영주권 중 학사학위 소지자의 5년 경력은 2순위로 신청이 가능한지요?
⋯ 답) 학사학위를 받은 후 5년간의 경력은 2순위로 인정됩니다. 그러나 학위 받기 전의 경력 및 스폰서 직장에서의 경력은 포함되지 않습니다. 석사 학위 소지자는 경력이 없어도 2순위가 됩니다.

부록

[부록1] 상황별 영주권 취득 방법

⋯▸ 다음은 필자의 저서 〈영주권을 원하십니까?〉에서 발췌한 것으로, 미국에서 영주권을 취득할 수 있는 방법을 필자의 경험을 토대로 설명하였다. 참고가 될 것 같아 부록에 실었다.

나는 영주권을 받을 수 있나? 방법은?

영주권은 이민비자를 받고 6개월 내에 미국에 입국하고 미국에서 받는다. 이게 정통적인 방법이다. 그러나 대부분의 사람이 비이민비자를 받고 미국에 온 후 미국 내에서 신분변경 절차를 거쳐서 영주권을 받고 있다. 물론 신분변경을 한 후에 영주권을 받는 것도 이민법에서 규정하고 있는 합법적 절차이다. 당초 입국목적이 영주권이 아니었는데, 도중에 영주권을 신청하게 된 경우이다. 소수의 예외적인 경우를 제외하고, 비이민비자 소지자는 미국 내에서 신분변경 절차를 거쳐서 합법적으로 영주권을 받을 수 있다.

과거와는 달리 영주권을 받기가 갈수록 어려워지고 시간도 많이 걸리고 있다. 초조한 마음을 이용한 브로커들이 이것을 알고 접근한다. 때로는 위장결혼도 성행하고 심지어 어린아이들을 허위로 입양까지 한다. 원정 출산이 줄을 잇고 있다. 한 가지 명심하여야 할 사항은 불법서류나 불법행위를 통한 영주권을 취득하여서는 안 된다는 점이다. 불법행위는 결국 드러날 수밖에 없다. 반드시 합법적인 절차와 방법을 통하여 받아야 한다.

영주권을 받을 수 있는 방법에는 여러 가지가 있다. 각자 본인에게 적합한 방법이 무엇인지 판단하여야 한다. 각자의 상황이 다르기 때문에 어느 방법이 좋은지는 사람마다 다르다. 여기에서 설명할 부분은 앞에서 설명한 총괄적인 부분에 대한 구체적인 개개인의 상황을 고려한 각론 분야라고 할 수 있다. 독자들의 이해를 돕고자 다소 중복되는 부분도 반복하여 설명하였다. 영주권을 받고자 하는 분들에게 도움을 드리고 싶은 마음에 다음과 같은 의견을 주고자 한다.

1) 유학생

많은 유학생들이 졸업 후 미국 정착을 원한다. 그동안 미국 정착을 원하는 유학생의 경우, 대부분 취업이민을 통하여 영주권을 받았다. 졸업 후 OPT 기간을 통하여 취업 자리를 알아보거나 H-1b를 통하여 단기 취업비자를 얻어 취업과 동시에 영주권을 신청하였다.

몇 년 전만 해도 취업영주권 2순위나 3순위의 경우 영주권을 받는데 시간적인 차이가 별로 없었다. 따라서 유학생들도 적당한 고용주(스폰서)만 있으면 전공과 관계없는 3순위 취업영주권을 신청하곤 했다. 그러나 지금은 상황이 많이 바뀌었다. 3순위의 대기 기간이 너무 길다. 긴 세월을 기다리면서 영주권을 받아야 할 실익이 있을지 고민해 봐야 한다.

또 하나는 미국의 경제상황이 안 좋은 관계로 실업자가 도처에 널려 있다. 이러한 상황에서 사업주는 외국인의 스폰서 서기를 꺼리고, 설사 스폰서가 나타난다 해도 미국노동부에서는 노동허가 심사를 강화하여 여간해서는 노동허가를 잘 주지 않는다. 설상가상이다. 이러한 관계로 유학생들이 취업하고 영주권을 받고 싶어도 받지 못하고 귀국하고 있다.

그러나 우리 속담에 '뜻이 있으면 길이 있다'고 했다. 방법을 연구하면 길이 보인다. 먼저, 가족영주권을 고려한다. 그러나 초청해 줄 사람이 없으면, 이것은 불가능하다. 다음으로 투자영주권을 고려해 본다. 100만$ 이상의 투자를 하여야 하나(리저널센타를 통할 경우 50만$) 유학생의 입장에서는 이것도 힘들다. 물론 부모의 재산이 많을 경우, 이것은 하나의 방법이 될 수 있다.

마지막으로 취업영주권을 생각해야 한다. 제3순위는 추천하고 싶지 않다. 너무 많은 시간이 소요되기 때문이다. 그러면 2순위를 추천한다. 2순위는 석사학위 이상이 요구되기 때문에 학사학위를 가진 유학생은 가급적 석사과정을 밟는 것도 좋은 방법이 될 수 있다. 그리고 석사과정을 졸업했다고 해서 모두 2순위가 되는 것은 아니다. 취업하고자 하는 직종이 고학력이 요구되고, 고용주(스폰서)를 찾아야 한다. 석사과정을 마쳤다고 해도, 스폰서가 없으면 무용지물이다.

미국에서 취업이 잘되는 직종의 학위를 졸업하는 것도 중요하다. 따라서 사회계열보다는 이공계열이 훨씬 유리하다. 이공계열의 석사과정은 장학금도 많고 취업 기회도 많다. 경제학과 또는 비즈니스학과 등은 미국에서는 차고 넘치기 때문에 아무래도 취업이 어렵다. 취업이 어려우면 고용주가 스폰서를 서 줄 수 없다는 이야기이다. 스폰서가 없으면 취업을 통한 영주권도 얻을 수 없다. 노동허가(LC) 및 고용주(스폰서)의 재정상태는 취업이민의 제1조건이다. 취업영주권은 고용주(스폰서)가 외국인, 종업원을 채용하겠다는 것을 전제로서 시작되는 것이다.

여기에 2순위이지만 아주 유효한 영주권 취득하는 방법이 있다. NIW인데, 국가이익사면(면제)이다. 이것은 취업이민 2순위이나 LC

나 스폰서가 필요 없다. 미국의 국익에 필요한 사람의 경우, LC나 스폰서를 면제해 주는 것이다(자세한 내용은 본서 3장 참조).

과거에는 한국 사람들이 NIW를 별로 이용하지 않았으나, 최근에는 국내에 있는 의사, 치과의사 등 많은 전문직들이 이것을 이용하여 영주권을 받고 있다. 엄격한 자격요건을 요하므로 이공계 석사, 박사 등은 가능성이 많이 있다. 그러나 자기 연구 분야가 미국 사회의 국익에 도움이 된다는 사실을 증명하면 생각보다 그리 어렵지 않다. 의학, 약학, 생물학, 생명공학 등 이공계 분야의 석사, 박사과정 졸업자들에게 적극적으로 도전해 보라고 권하고 싶다. 예술 분야도 가능성이 있다. 신청자가 미국의 발전에 이익이 된다는 소명자료와 업적 등을 잘 설명하고 증거 자료 등을 잘 구비하면 그리 어려운 것은 아니다.

또 다른 방법을 생각해 보자. 많은 유학생들이 교포 자녀들과 캠퍼스에서 사귀어 결혼을 하는 경우도 있다. 시민권자와 결혼하면 영주권을 받을 수 있기 때문이다. 영주권만을 얻기 위하여 결혼하는 것은 인륜에 반하는 행동이지만, 좋아하는 사람이 시민권자라면 금상첨화이다. 불법체류를 한 경우도 영주권을 받을 수 있다. 가족영주권 0순위다.

L비자를 통한 영주권 방법도 생각해 볼 수 있다. 한국의 기업에 입

사한 후 3년 중 1년만 한국에서 근무하면 L비자로 영주권을 취득할 수 있다. 1년 이상 한국 근무와 집행간부 및 매니저급 이상이라는 조건이 있지만, 이 조건이 맞으면 취업영주권 1순위로서 영주권을 받을 수도 있다.

이공계의 경우, 많은 취업 기회가 있고 대학 연구소에는 H-1b를 주고 쿼터적용도 받지 않도록 우대하고 있다. 미국은 이민법에서부터 과학자를 우대하고 있기 때문에 인문·사회계열을 졸업한 학생들보다 유리하다. 간혹 일부 한인 중에 영주권을 받을 기회가 있는데도 받지 않는 경우가 있다. 그러나 미국 내의 중요한 과학 연구기관에 취업이나 인턴을 신청할 경우, 이들 기관에서 시민권을 요구하는 경우가 많다. 영주권이나 시민권이 없으면 중요한 연구기관에서 연구할 기회를 잃어버릴 수 있으므로 기회가 주어지면 영주권을 받는 것이 좋다. 또 한국에서는 이중국적을 인정하여 준다. 학문적 업적을 이룬 사람은 미국 시민권자라 하더라도 한국 국적을 다시 얻을 수 있다.

마지막으로 E-1이나 E-2 등도 고려해 볼 수 있으나 이들은 영주권이 전제되지 않고 미국에서 100년을 살아도 영주권을 주지 않는다. 신분유지를 위하여 한시적으로 이용하는 것이면 몰라도 바람직하지 않다. 다만 이들 비자의 종업원은 영주권을 받을 수 있기는 하나 대개가 3순위일 경우가 많다.

여기에서 한 가지 고려하여야 할 사항은 남자의 경우, 병역과 관련하여 어려운 상황이 발생할 수 있다는 점이다. 유학생의 경우 24세까지, 박사과정은 28세까지 병역 연기가 가능하다. 학교를 마치고 병역을 마치지 않을 경우에는 취업을 하기가 어렵다. 한국 정부는 유학생의 학업을 위한 병역 연기는 하여 주지만 취업을 위한 병역 연기를 하여 주지 않는다. 병역 문제가 해결되지 않으면 여권을 발급해 주지 않는다. 취업비자를 신청할 때에는 반드시 여권을 제출해야 한다. 여권이 없어 취업비자를 발급받지 못하여 취업을 할 수 없다면, 취업영주권을 받을 수 없다. 영주권을 받으면 병역 연기처분을 할 수 있고 37세가 되면 병역의무를 면제받을 수 있으나, 유학생의 경우에는 영주권을 받는 시간과 병역 연기 기간 사이의 시간적 간격을 맞추기가 어렵다.

2) 연수 중인 공무원, 정부 투자기관 직원

이들은 대부분 J비자를 가지고 미국에 온다. 간혹 정부 투자기관 직원들의 경우, L비자를 가지고 오는 경우도 있다. J비자는 이들이 미국에 연수 올 때 비자 받기가 가장 쉽다. 그러나 비자 변경이나 영주권 신청이 가장 어려운 비자이기도 하다.

먼저 J비자를 사면 받아야 한다. 공무원의 경우 2년 거주 의무조항을 풀기가 어렵다. J비자의 의무조항을 풀기 위해서는 한국 정부에서 해당 공무원의 미국 체류를 반대하지 않는다는 편지를 외교부를 통하여 미국무부에 보내야 하는데, 정부 해당기관에서 편지를 써 줄 리가 없다. 2년 거주 의무 조항을 풀지 않으면 취업 비자와 영주권 신청을 할 수 없다. 미국 내에서 신분 변경도 안 된다. 이민법의 규정이다. 학생비자를 받으려면 한국에 가서 대사관을 통하여야 한다. 간혹 학생비자로 미국 내에서 신분변경을 하여 준 경우가 있었다(이민국의 실수?). 그러나 영주권을 신청할 때 I-485과정에서 신청자의 체류내역을 이 잡듯이 뒤진다. 설사 사면(웨이버) 없이 취업비자 등이 승인되었다 하더라도, 영주권 신청 과정에서 걸린다. 따라서 향후 영주권을 염두에 둔 2년 거주 의무 조항에 해당되는 자는 이것을 먼저 풀어야 한다.

영주권을 신청하려면 일반인과 같은 자격요건과 절차가 필요하다. 간혹 정부투자기관 또는 출연기관이 현지에 법인을 설립한 경우가 있다. L비자로 올 수 있는데 자격요건만 갖추면 취업영주권 1순위로 될 수도 있다.

정부산하기관 중 비영리법인도 L비자가 나올 수 있다. 따라서 대사관에서 비자를 받을 때 서류 준비를 잘하여서 가급적 L-1A로 받아오는 것이 중요하다. 공무원은 L-1A를 받을 수 없다. 정부투자기관, 출연기관 직원이 J비자로 온 경우, 영주권 받기는 공무원과 마찬가지로 무척 어렵다. 먼저 J비자 2년 거주 조항을 풀어야 하고, 일반인들과 마찬가지로 취업이민을 하여야 한다. 즉, 스폰서를 구해야 한다.

이들에게는 스폰서가 필요 없는 NIW는 대부분 자격요건이 안 되는 경우가 많다. 공무원이나 정부투자기업 또는 출현기관 직원들의 경우, 대부분 사회계열 졸업자가 많고 설사 이공계를 전공했다 해도 연구실적 등이 없거나 미국 사회에 이익이 될 만한 연구실적들이 없기 때문이다.

3) 교환교수

미국에 유학하고 있는 조기 유학생 중에는 교수 자녀들이 많다. 교수들은 안식년 등을 통해 미국연수 기회가 많은 까닭으로 풀이된다. 심지어 J비자는 '연수교수 비자'라고도 한다. 그만큼 교수들이 J비자로 많이 왔다는 것을 말해 준다.

교수들은 대부분이 박사학위를 소지하고 있고, 최소한 석사학위 이상이기 때문에 취업영주권 2순위가 된다. 2순위가 되어도 노동허가 승인 및 고용주가 있어야 한다. 그러나 2순위임에도 노동허가 및 스폰서가 필요 없는 NIW나 1순위를 이용하기를 권장한다. 본인의 학위논문이나 기타 학술지등에 발표한 논문 등은 NIW나 1순위 조건을 만족시키는 데 아주 유용하다.

교수들 중에 자녀를 미국에서 출생한 경우가 많다. 이들 자녀들은 미국시민권자이다. 이 경우는 자녀가 21세가 되면 부모를 초청할 수 있다. 0순위이다. 빠르면 4개월, 늦어도 1년이면 영주권이 나온다.

이 방법을 이용하는 것도 하나의 방법이다. 가족영주권 0순위는 불법체류를 해도 영주권을 받을 수 있는 길이 있다.

교수의 배우자가 영주권을 받아야 할 경우, 교수와는 다르게 2순위 자격조건이 되는 경우가 많지 않다. 그렇다면 3순위로 시작하여야 하는데 과연 그럴 필요가 있는지, 영주권을 얻을 실익을 자세히 비교·검토해 봐야 한다.

교수들이 안식년을 통하여 미국에 올 때 자녀들을 동반하여 오는데, 자녀들은 체류기간 동안만 합법적으로 공립학교를 다닐 수 있다. 부모가 귀국할 때 대부분의 자녀들은 미국에 남아서 공부를 계속하고자 한다. 이때 두 가지 문제가 발생한다. 첫째는, J비자 본국 2년 거주의무 조항이고 둘째는, 합법체류 신분을 얻는 것이다. 이 두 가지 문제를 해결하지 않고서는 자녀가 남아서 공부할 수 있는 방법이 없다. 영주권을 받는 데에도 이 부분과 관련이 있다.

4) 의사

의사들의 경우, 영주권을 취득할 기회가 많다. 당연히 취업영주권의 경우 2순위이고, 경우에 따라서 1순위도 도전해 볼 수 있다. 그러나 1순위는 특별한 재능이나 탁월하지 않으면 다소 어렵다. 특히 제일 좋은 것은 NIW이다. 의사들에게 적극 추천한다. 이에 따라 최근 국내의 의사들이 NIW 에 많은 관심을 갖고 있다.

먼저 의사들의 경우, 두 가지 방법으로 영주권을 받을 수 있다. 첫째는, 일반인과 같은 조건하에서 영주권을 취득할 수 있다. 가족영주권, 투자영주권, 취업영주권의 방법이다. 미국 의사자격이 없어도 의료관련 직장에서 2순위 취업영주권을 신청할 수 있다. 이 경우 의사로서 취업영주권이 아니라 단순히 일반인과 같은 조건으로 2순위 취업영주권을 받는 것이다. 마치 목사가 종교영주권을 하지 않고 취업 2순위로 영주권을 받는 것과 유사하다. 일단 영주권을 받고 미국 의사시험에 합격한 후 미국에서 의사로서 개업을 하는 사람도 있고, 다른 업종에 종사하는 사람도 있다. 또는 영주권만 받은 후 본인은 한국에서 의사로서 생활하는 사람도 있다.

두 번째는, 미국 의사자격을 가지고 2순위 취업이민을 하는 것이다. 영주권 취득과 함께 미국에서 의사로서 일을 하려면 먼저 미국 의사 시험에 합격해야 한다. 미국의 의과대학을 졸업하지 않아도 된다. 현재 미국의 의사 중 약 25% 정도가 외국에서 의과 대학을 졸업한 외국인이라고 한다. 미국 의사 시험은 한국에서 봐야 하는 것과 미국에서 보아야 하는 것이 있다. 미국 의사시험에 합격하면, 레지던트 과정은 미국에서 밟아야 한다. 이 모든 과정을 마치고 나서 의사 자격증을 받으면, 미국 병원의 스폰서를 받아 취업이민 2순위로 영주권을 신청할 수 있다.

한국 의사들이 인턴과정을 J비자로 오는데, 이 경우 영주권을 취득하려면 한국으로 들어가서 2년 후에 미국에 들어오거나, J비자 사면을 받아야 한다. 의사들의 J비자 사면 받기는 다른 J비자보다 어렵다. 그동안 이와 같은 두 가지 방법으로 의사들이 영주권을 받았다. 그러나 앞으로는 의사들이 영주권을 받기에 유용한 NIW를 적극 이용하길 권한다(자세한 내용은 본서 3장 참조).

의사들이 영주권을 받으려는 이유 가운데 자녀들의 교육 문제가 많은 것 같다. 특히 의사들은 자녀들이 의사로서 자기 자신의 가업을 이어 나가기를 바라는 사람이 많다. 미국에서 의대를 졸업하고 미국 의사가 되기를 바란다. 그러나 미국에서는 의대 가기가 어렵고, 의사의 수도 많지 않다. 게다가 대부분 의과대학에서는 외국인은 잘 뽑지 않는다. 영주권자나 시민권자여야 한다. 이 때문에 대부분 의사 자녀들은 의대에 진학하고 싶어 하지만, 영주권이 없어 미국 의대 입학이 어려워 진학하지 못하고 한국에 있는 의대로 방향을 전환하는 경우가 많다. 미국의 의사는 최고의 대우를 받고 있다.

5) 대기업, 은행 등 지사 근무자나 현지법인근무자

대기업 또는 은행 등 금융기관의 미국 자회사나 지점, 지사 등에 근무하는 간부직원들은 L비자가 나오고, 쉽게 영주권을 취득할 수 있다. L-1A 비자의 경우 취업영주권 1순위에 해당한다. 2009년에 2천 4백 명이 취업영주권 1순위를 받았다. L비자로 온 삼성, 현대, LG등 대기업 상사주재원이 대부분이다.

대부분 미국에서 L-1A 비자로 입국 후 신분변경을 통하여 영주권을 신청한다. 3년 중 1년 이상 본국에서 근무하고, 집행간부 매니저급 L-1A의 경우에 해당된다. 대기업의 경우 L비자 신청자들을 집단으로 처리해 주는 제도도 있다. 일부 한국 기업들이 미국에 직원들을 파견할 때 영주권을 취득하지 못하게 각서 등을 쓰고 오는 경우도 있다고 한다. 그러나 별 큰 효과가 없다. 이들에게는 영주권 취득절차가 간편하다.

6) 연구소 연구원

정부기관 연구소나 민간기업의 연구소에 근무하는 연구원들은 대부분 고학력자들이 많다. 이들은 대부분 취업영주권 2순위나 1순위 자격요건이 해당된다. 이들이 영주권을 받으려면 고용해 줄 고용주가 필요하다. 그러나 고용주가 필요 없는 경우가 있다. 2순위에 해당하는 NIW이다. NIW는 노동허가도, 고용주도 필요 없다.

연구소에 근무하는 연구원들의 경우 이공계가 유리하다. 항공, 전기, 전자, 통신, 방위산업, 원자력, 농업, 생명공학, 의약, 의료, 환경, IT산업 등 이공계열의 석사·박사학위 소지자들은 적극적으로 NIW에 도전하길 권한다. NIW는 고용주가 필요 없기 때문에 1순위보다도 더 편하다. NIW를 전문적으로 취급하는 변호사와의 상담을 권한다. 법학, 경제, 경영, 노동, 언론 등 사회계열 연구소에 근무하시는 분은 다소 어렵다. 충분한 자료를 가지고 이민국을 설득해야 하는데, 미국 국가 이익에 도움이 된다고 설득하기가 어렵다.

그러나 이공계열 박사학위를 가지고 있고 해당연구소에 근무하면서 여러 논문 발표를 하고, 언론 등에 소개된 기사 등이 있으면 유용하게 증명할 수 있다. 특히 SCI급 논문이 있으면 금상첨화이다. 여러 증빙자료를 갖추어서 문을 두드려 보면 승산이 있다. 생각보다 어렵지 않다. 박사 학위가 없어도 가능하다.

7) 태권도사범 등 운동선수

체육이나 운동으로 미국에 가장 많이 진출되어 있는 종목은 태권도이다. 미국 어느 지역을 가 봐도 태권도 도장이 있다. 미국의 상류 가정에서도 태권도에 대한 인기는 무척 높다. 태권도 사범들은 단기전문직 취업비자(H-1B)를 받고, 또 이것으로 영주권을 신청하는 경우가 많다.

한국의 대학에는 태권도 학과가 있고, 태권도를 단순한 운동으로만 보지 않고 이를 학문적·이론적으로 접근하고 있다. 올림픽 종목으로 채택된 관계로, 미국 내에서도 인지도가 높다. 석사학위 이상자와 학사학위 및 5년 이상의 경력이 있는 태권도사범의 경우, 2순위 취업영주권이 가능하다.

올림픽메달 수상자나 메달 수상은 못했어도 능력 있는 자는 취업영주권 1순위도 가능하다. 1순위 자격요건 10개 사항 중 세 가지 요건만 충족시키면 된다. 1순위의 경우 중 특별한 능력자는 노동허가, 스폰서가 필요 없다(EB-1(1)).

야구, 골프 등에 많은 프로운동 선수들이 활동하고 있는데, 방문비자로 경기에 참여하고 활동할 수는 없다. 단, 아마추어 선수들은 방문비자로 참여가 가능하다. 그리고 운동선수들이 O비자, P비자를 받아서 오는 경우도 많다. 이들은 비이민비자로 영주권과 무관하다. O비자는 취업영주권 1순위와 자격요건이 유사하다. O비자를 받을 수 있는 사람은 1순위 자격요건과 비슷하므로 1순위로 도전해 보는 것도 하나의 방법이다.

8) 연예인, 예술인

가수, 탤런트, 영화배우, 연극인, 무용인 등 연예인의 경우와 미술가, 조각가, 음악인 등 예술인들은 O비자나 P비자 등을 이용하여 취업비자를 받을 수 있다. 실제로 연예인 예술인들이 이들 비자로 미국에 많이 온다. 다른 비자들은 적당치 않다.

O비자와 P비자는 기본적으로 비이민비자이며, 영주권과 관계가 없다. 그러나 이들 비자를 취득할 수 있는 자격이 된다면 영주권을 신청할 수 있는 자격요건을 갖춘 경우가 많다. O비자를 취득한 경우, 취업이민 1순위의 가능성이 높다. 연예인이나 예술인의 경우, 일반인들보다 쉽게 영주권을 받을 수 있다.

최근에는 연예인이나 예술가들이 NIW를 통한 영주권 취득을 많이 하고 있다. 도자기를 굽는 예술인도 받은 경우도 있다. 국제영화제나 콩쿠르에서 입상한 경력이 있거나 언론매체에 출연한 작품이나 활동 등이 많이 보도된 경우, 적극적으로 1순위나 NIW에 도전해 보라고 권하고 싶다.

9) 자녀가 미국에서 태어난 경우(원정출산)

자녀가 미국에서 태어난 경우, 이 아이는 미국 시민권자이다. 부모가 유학 중에 또는 상사주재원으로 또는 공무원으로 파견 근무 중에 자녀들이 미국에서 태어나는 경우가 대부분이다. 또한 부모가 불법체류 중에 아이가 태어난 경우도 있고, 원정출산의 경우도 있다. 이유야 어떠하든 간에 미국에서 태어나면 미국 시민권자가 된다.

시민권자는 21세가 되면 직계부모를 초청할 수 있다. 심지어 시민권자의 직계친족은 불법체류를 해도 영주권을 부여한다. 원정출산의 경우도 마찬가지다. 한국국적법에서는 원정출산 자에게 이중국적을 주지 않는다. 한국 국적과 미국 국적 중 하나를 선택해야 한다. 그러나 이것은 한국법의 문제이다. 한국법이 어떠하건 미국시민권자가 시민권을 스스로 포기하지 않으면 미국시민권자이다. 따라서 원정출산으로 태어난 자가 시민권을 포기하지 않는 한, 그는 미국시민권자이다.

미국에서 태어난 자녀를 둔 부모가 영주권을 원할 경우, 자녀가 21세가 될 때까지 기다리면 된다. 그러나 가급적 합법신분을 유지하여야 한다. 왜냐하면 불법신분인 경우도 영주권 신청이 가능하나, 만약 불법신분 중에 추방명령을 받게 되어 추방될 경우에는 미국입국 금지규정에 따라 미국에 들어올 수 없기 때문이다.

최근 공화당을 중심으로 미국 내에서 출생한 자에 대하여 시민권을 부여하는 것에 대한 제약 움직임이 있으나 실현 가능성이 없어 보인다. 이 같은 움직임이 현실로 재현되기 위해서는 미국 헌법을 바꿔야 한다. 그러나 미국 헌법을 개정하기가 그리 쉬운 일이 아니다.

[부록2] NIW 관련 이민법 규정

Employment-Based Immigration: Second Preference EB-2

Employment-Based Immigration: Second Preference EB-2

You may be eligible for an employment-based, second preference visa if you are a member of the professions holding an advanced degree or its equivalent, or a foreign national who has exceptional ability. Below are the occupational categories and requirements:

Eligibility Criteria

Sub-Categories	Description	Evidence
Advanced Degree	The job you apply for must require an advanced degree and you must possess such a degree or its equivalent (a baccalaureate degree plus 5 years progressive work experience in the field).	Documentation, such as an official academic record showing that you have a U.S. advanced degree or a foreign equivalent degree, or an official academic record showing that you have a U.S. baccalaureate degree or a foreign equivalent degree and letters from current or former employers showing that you have at least 5 years of progressive post-baccalaureate work experience in the specialty.
Exceptional Ability	You must be able to show exceptional ability in the sciences, arts, or business. Exceptional ability "means a degree of expertise significantly above that ordinarily encountered in the sciences, arts, or business."	You must meet at least three of the criteria below.*

National Interest Waiver	Aliens seeking a national interest waiver are requesting that the Labor Certification be waived because it is in the interest of the United States. Though the jobs that qualify for a national interest waiver are not defined by statute, national interest waivers are usually granted to those who have exceptional ability (see above) and whose employment in the United States would greatly benefit the nation. Those seeking a national interest waiver may self-petition (they do not need an employer to sponsor them) and may file their labor certification directly with USCIS along with their Form I-140, Petition for Alien Worker.	You must meet at least three of the criteria below* and demonstrate that it is in the national interest that you work permanently in the United States.

Criteria

· Official academic record showing that you have a degree, diploma, certificate, or similar award from a college, university,

school, or other institution of learning relating to your area of exceptional ability
- Letters documenting at least 10 years of full-time experience in your occupation
- A license to practice your profession or certification for your profession or occupation
- Evidence that you have commanded a salary or other remuneration for services that demonstrates your exceptional ability
- Membership in a professional association(s)
- Recognition for your achievements and significant contributions to your industry or field by your peers, government entities, professional or business organizations
- Other comparable evidence of eligibility is also acceptable.

Note: Employment-based, second-preference petitions must generally be accompanied by an approved individual labor certification from the Department of Labor on Form ETA-750. Please see the Department of Labor's "Foreign Labor Certification" link to the right for more information.

To qualify for an EB-2 visa, your employer must file a Form I-140, Petition for Alien Worker. For more information about filing, see the "Forms" link to the right.

Family of EB-2 Visa Holders

Your spouse and children under the age of 18 may be admitted to the United States in E-21 and E-22 immigrant status, respectively. During the process where you and your spouse are applying for permanent resident status (status as a green card holder), your spouse is eligible to file for an Employment Authorization Document (EAD).

EB-2 Classification and National Interest Waiver

Home > Visa Guide > EB-2 Employment Based Second Preference

Print This Page

National Interest Waiver

Below are some key requirements you must fulfill to demonstrate that your request to waive the job offer requirement and, therefore, the labor certification, is in the "national interest." For each requirement, we have included forms of evidence that you may submit to meet the requirement and other tips to help you prepare your petition.

As there is no statutory or regulatory definition of the term "national interest", USCIS relies on a 1998 Administrative Appeals Office precedent decision setting forth a three-prong test for evaluating requests for a national interest waiver. See Matter of New York State Department of Transportation, 22 I&N Dec. 215 (Comm'r 1998) ("NYSDOT"). These three prongs are outlined below.

> Requirement 1 – You must show that you plan on working in the United States in an area of substantial intrinsic merit.

Under the first prong of the NYSDOT test, it is important for you to focus on the proposed employment. USCIS will look at your documents to determine whether the importance of your proposed work is readily apparent. Some of the evidence you may submit to demonstrate that you plan on working in the United States in an area of substantial intrinsic merit includes:

- A letter from you and/or your company describing the work and its importance
- Articles or other published media discussing your and/or your company's work and its importance
- Letters from experts in the field attesting to your work and its importance
- Testimonial letters should include information about the expert's own credentials, such as a C.V.

> Requirement 2: You must show that the proposed impact of your work is national in scope.

While your employment may be limited to a particular geographic area, you must establish a benefit to more than a particular region of the country. Under the second prong of the NYSDOT test, you must demonstrate that the proposed benefit to be provided will be national in scope. USCIS will give due consideration to entrepreneurs who establish that their entrepreneurial enterprise will serve the national interest to a substantially greater degree than the work of others in the same field. Some of the evidence you may submit to demonstrate that the proposed impact of your work is national in scope includes:

- **Published articles or media reports**
- Copies of contracts, agreements, or licenses showing the scope and impact
- **Letters from current and former employers** discussing your work and its national importance
- **Letters from experts** in the field attesting to your work and its national importance
- Testimonial letters should include information about the expert's own credentials, **such as a C.V.**

> Requirement 3: You must show waiving the labor certification requirement would benefit the national interests of the United States.

The purpose of the labor certification process is to protect the national interests of the United States by ensuring that the wages and working conditions of U.S. workers employed in the same field would not be adversely affected. Thus, when deciding whether to grant a waiver of the labor certification requirement, USCIS looks at all of the evidence to see whether the national benefits you offer are so great that they outweigh the national interests inherent in the labor certification process. This means that your evidence must show that you serve the national interest to a substantially greater extent than the majority of your colleagues and that you have a degree of influence on your field that distinguishes you from your colleagues. The national interest evaluation is prospective. This means you must show that you have a past record of specific prior achievements that indicate future benefits to the national interests of the United States.

Demonstrating that your business enterprise will create jobs for U.S. workers or otherwise enhance the welfare of the United States may qualify you for an NIW. However, you still have to show that the creation of jobs domestically for U.S. workers may serve the national interest to a substantially greater degree than the work of others in the same field.

Some of the evidence you may submit to demonstrate that waiving the labor certification requirement would benefit the national interests of the United States includes:

- **Copies of published articles** that cite or otherwise recognize your **achievements**
- Copies of **grants or other funding** you received listing the amount and terms of the grants, as well as the principal and co-investigators
- Documents showing how **your work is being implemented** by others, for example:
- Contracts with companies using your or your company's products
- Documents **showing licensed technology** that you and/or your company invented or co-invented, and **how that licensed technology is being used by others**
- **Patents or licenses** awarded to you and/or your company with documents showing how they are being used and why they are significant to your field

[부록3] 오바마 대통령 행정 명령 개요

버락 오바마 대통령은 백악관에서 연설을 통해 시민권자 또는 영주권자 자녀를 둔 부모 중 미국에 5년 이상 체류한 사람에 대해 추방을 유예한다고 발표했다.

이에 따라 최대 350만 명의 불법체류자가 혜택을 받을 것으로 예상된다. 하지만 범죄기록이 없어야 하고 벌금 및 밀린 세금을 내야 하기 때문에 실제로 혜택을 받는 사람의 수는 다소 줄어들 수도 있다.

더불어 오바마 대통령은 밀입국을 막기 위해 국경의 경비를 강화해야 한다고 말했으며, IT분야 기업 등에서 필요로 하는 외국인 노동자들을 더 원활하게 찾을 수 있도록 취업비자 쿼터를 확대할 계획이라고도 밝혔다.

오바마 대통령은 이에 덧붙여 "우리의 이민 시스템이 망가졌다는 것은 모두가 아는 사실"이라며 "이들 서류 미비자들을 사면하자는 것이 아니라 추방을 유예해 가족들이 헤어지는 것을 막자는 취지"라고 설명했다.

주요 내용

1. 국경수비를 강화하기 위해 더 많은 지원
2. 최근 국경을 넘은 밀입국자를 추방에 집중
3. 범법자에 대한 추방 강화
4. 시민권자 또는 영주권자 자녀를 둔 부모 중 미국에 5년 이상 체

류한 사람(범죄기록 없고 세금 내야 함)
5. 고숙련 기술 노동자의 영주권 취득 자격 완화

이를 더 자세히 알아보면 다음과 같다.

1. **청소년 추방유예 확대 (Deferred Action for Childhood Arrival, DACA)**
- 신청자격의 확대(기존 2007년 6월 15일 입국자에서 2010년 1월 1일 이전 입국자로 확대)
- 만30세(Born prior to June 15, 1981) 미만이었던 나이 제한을 철폐함
- 추방 유예 기간도 2년에서 3년으로 길어짐
- 현재 ICE와 CBP가 대상자를 점검해 구제 대상으로 확인될 경우 추방 절차를 중단하고, 이번 개혁에 해당하는 신청을 할 수 있도록 허락해 줌

2. **부모 책임 추방 유예(Deferred Action for Parental Accountability, DAPA)**
- 2010년 1월 1일 이후 미국에 계속 거주함
- 2014년 11월 20일 이전에 출생한 시민권자, 영주권을 지닌 자녀가 있어야 함
- 합법체류와 불법체류의 시점 여부는 미정
- 5년 이상 연속으로 미국에 거주

- 신청서 접수 후 – 신원조회, 소정의 벌금, 체납된 세금을 내야 함

3. 재입국 금지유예 미국 내 신청(I-601A) 확대
- 대상: 최소 180일 이상 미국 내 불법 체류한 서류 미비자
- 기존의 시민권자의 배우자, 미성년 자녀 등 직계가족에게만 허용되는 재입국 금지유예 신청이 시민권자의 성년 자녀와 영주권자의 배우자, 자녀까지 확대
- "극심한 어려움"인 EXTREME HARDSHIP에 대한 입증 조건이 다소 완화될 예정

4. 합법이민개혁(Modernize, Improve and Clarify Immigrant, Non-immigrant Programs to Grow U.S. Economy And Jobs)
- 대상: 미국 국내 사업체, 외국 투자가들, 연구원, 투자가, 숙련공들
- 노동부는 충분한 수요가 있는 의회에 승인된 이민 비자에 한해서 이민 비자 할당을 보장하기 위한 방안을 모색 중
- 노동부는 더 간략하고 신뢰할 수 있는 비자 효용성 결정을 할 수 있는 비자 안내 시스템을 수정할 예정
- USCIS가 규정 마련 중, 최종 시행 시기를 곧 발표할 예정
- PERM 절차도 대폭 개선될 전망(노동부가 개선안을 마련하기로 함)
- Portable 노동허가 – 취업이민 청원서인 I-140 승인 후, 직장이동이 가능할 전망

- H1B 등 일부 비자 소지자는 본인과 배우자에게 노동허가서 발급
- OPT 확대방안 – F1 OPT가 12개월인데 비해 STEM 전공자는 29개월이 적용되므로 이 기간 적용되는 전공 분야를 확대할 예정

5. 귀화과정 촉진 Promote the Naturalization Process
- 대상: 시민권을 취득할수 있는 합법적인 영주권자들
- 시민권 신청 자격을 갖춘 영주권자들의 Citizenship Education 교육을 받을 수 있도록 함

[부록 4] 영주권을 받은 후 법률관계

※ 구체적인 사안에 따라서 결과가 다를 수 있으며, 관련법규정이 변경되었는지 확인한 후 전문 변호사와 상담받으시기를 권함.

1. 영주권자의 한국법률 관계

영주권을 받은 후 영주권자로서 미국에서 거주하시는 분들은 한국과 관련하여 여러 가지 법률문제가 엮여 있다. 예컨대, 부동산문제, 세금문제, 병역문제, 의료보험문제, 한국여권의 갱신 문제 등 엮여 있는 법률문제가 한둘이 아니다.

제일 먼저 대두되는 문제는 남자의 병역문제이다. 나이 드신 분들이나 여성분들에게는 병역문제가 큰 이슈가 되지 않으나 자제분들이 병역과 관련되어 있는 경우가 많으므로 알아 두어야 한다.

1) 한국병역

　영주권자에게 병역의 의무는 있으나 사실상 군대를 가지 않아도 된다. 37세까지 연기할 수 있다. 그러나 한국에서 취업하거나, 일정 기간 이상 머물지 못한다. 영주권이 진행 중인 사람은 24세까지 병역 연기신청을 하고(대학원 석·박사 과정이면 더 연장할 수 있음) 여행 허가를 받는 등 병역 기피대상자로 고발 조치되지 않도록 하여야 한다. 일단 병역기피로 병역당국에서 신고하면 이때는 정말 대책이 없다.

　영주권을 받은 후 시민권을 받은 경우라도 한국 병역법을 모르고 병역 연기 신청을 하지 않았던 관계로, 현재 미국 시민권자임에도 한국에서 병역법 위반사항이 지금까지 문제되고 있다(병역법 위반 당시 영주권 신분이었으나 병역연기 신청 등을 하지 않아서 고발되었고, 그 후 이분은 시민권을 받았으나 한국법을 어긴 사항이 남아 있음).

2) 한국여권

　과거에는 영주권자가 여권을 갱신할 경우, 의무적으로 거주여권을 발급했다. 거주여권으로 변경되면 주민등록이 말소되는 관계로, 이에 따라서 건강 보험도 말소된다. 주민등록이 말소됨에 따라 파생되는 문제점이 너무 많다.

　2012년 10월 말부터 외교부에서는 영주권자도 본인이 원하면 여권을 갱신할 경우 일반여권을 받을 수 있도록 모든 공관에 지시를 내렸다. 따라서 지금은 본인이 원하면 일반여권을 받을 수 있다. 그러나 이미 거주여권을 받은 사람에게는 일반여권으로 바꿔 주지 않는다.

이외에도 영주권을 받은 후 한국과 미국의 법률관계가 많이 엮여 있기 때문에 이 문제들을 유심히 살펴보아서 불이익을 당하지 않도록 주의하여야 한다.

3) 주민등록증 발급

2015년 1월 22일 이전에는 영주권자가 재외국민으로 등록하면 주민등록이 말소되었고, 국내에 입국해 30일 이상 머무는 재외국민의 경우 '재외국민 국내거소 신고증'을 발급받아 신분증 대용으로 사용했다. 국내거소 신고증은 체류지 관할 출입국 사무소에서만 발급이 가능하고, 국내에 들어올 때마다 발급하야 하는 불편함이 있었다. 또한, 국내거소 신고가 주민등록 신고와 동일한 효과를 갖고 있지 않기 때문에 재외국민의 각종 부동산 매매나 금융거래 등 국내자산 관리와 행정기관 관련 업무처리가 까다로웠다. 실례로 2014년에는 "재외동포법에 의거하여 국내거소 신고를 한 것은 주민등록증에 의한 사실 증명에 갈음할 수 있다는 의미일 뿐 주민등록과 동일한 법률효과를 인정한다는 취지로까지는 해석되지 않기 때문에 국내거소 신고는 주택 임대차 보호법상 대항력을 취득할 수 없다."라는 고등법원의 판시가 있었다.

이제 1월22일부터 재외국민 주민등록 제도가 시행되어 재외국민은 주소지 읍·면·동에서 주민등록을 신청하여 주민등록증 발급을 받을 수 있게 되었다. 현거주자가 국외로 이주해도 주민등록이 말소되지 않고 주민등록이 말소된 자는 재발급 신청으로, 주민등록이 없는 재외국민은 신규 신청으로 주민등록증을 발급받을 수 있다. 관할 행정기관도 출입국 사무소가 아닌 주소지 행정기관이기 때문에 편리함은 물론, 주민등록을 통한 신분확인이 가능하여 각종 법적·행정적 지위도 보장받게 되었다.

4) 한국건강 보험

외국인 및 영주권자인 재외국민일 경우에는 입국 시 90일이 지나야 건강보험 혜택을 받을 수 있다.

일부에서는 이러한 불편 때문에 당분간 3개월이 지날 때까지 가족이나 친척 또는 아는 지인 중에서 자영업하는 분이 있으면 직원으로 취업을 하여 건강보험을 가입하는 편법적인 방법을 이용한 경우도 있다. 한국 정부에서는 이러한 편법행위를 방지하기 위하여 제도를 바꾸려 하고 있다.

재외국민과는 달리 유학생이나 취업비자로 미국에 취업 중인 경우에는 90일 체류할 필요 없이 국내에 입국한 날 바로 건강보험 자격을 취득할 수 있다. 국외이주자가 영주귀국 시에는 신고하는 즉시 건강보험 혜택을 받을 수 있다.

5) 한국출입국

영주권자는 한국인이므로 당연히 한국여권을 사용한다. 한국 출입국 시에 영주자라고 해서 일반인과 다른 어떠한 서류 제출이나 절차가 필요 없다.

6) 복수 국적(이중 국적) 문제

영주권자는 한국 국민이기 때문에 복수 국적 문제는 제기되지 않는다. 그러나 영주권자가 영주권을 받은 후 미국시민권을 취득하는 경우, 복수 국적문제가 대두된다.

과거에는 선천적 복수 국적자에 의하여 한시적으로 복수 국적을 인정하였으나, 2010년 국적법을 개정하여 선천적 복수 국적자 외에도 일반인도 복수 국적을 취득할 수 있도록 하였다. 현행 한국 국적법은 출생에 의한 이중 국적자는 22세가 될 때까지 한시적으로 이중 국적을 인정하지만, 미 시민권자가 되면 한국 국적을 상실하도록 되어 있으나, 예외적으로 65세 이상이나 우수 인재에 대해 이중 국적을 허용한다.

영주권자가 시민권을 취득할 경우, 자동으로 한국 국적을 상실하게 된다. 한국 정부에 국적상실 신고를 하게 되어 있다. 단지 현실적으로 미국 시민권 취득 사실이 한국 정부에 자동으로 통보되는 것이 아니기 때문에, 본인이 국적상실 신고를 하지 않으면 한국 국적이 계속 유지되는 것처럼 보일 수 있으나 법적으로 이미 한국 국적이 아니므로, 그 이후에 한국 여권을 사용하는 것은 불법이다.

2. 영주권자 미국 출입국
1) 미국 입·출국
Ⓐ 미국 입국 시 영주권자는 한국 국민이므로 한국 여권을 사용한다.
Ⓑ 영주권을 받은 후 한국에 다녀오려면, 한국 여권과 영주권 카드만 있으면 된다.
Ⓒ 입국 시, I-94(출입국신고서)는 작성하지 않고, 세관 신고서만 작성한다.
Ⓓ 미국에서 출국 시 아무런 신고를 할 필요가 없다.
※ 한국 여권이나 영주권이 없으면 한국 공항에서 비행기에 탑승할 수 없다. 무자격입국자를 미국 영토에 입국시키면, 해당 항공사는 미국 정부에 벌금을 내야 한다. 따라서 항공사에서 탑승권을 발급할 때 영주권자인지 방문자인지 비자를 확인한다.
Ⓔ 미국에서 영주권 수속을 한 경우, 긴급한 외국 여행을 해야 하는데, 영주권 승인되었으나 영주권 카드가 도착하지 않으면(분실, 우편물 배달 착오 등) InfoPass로 예약 후 이민국 Local Office에 가서 여권에 I-551(영주권의 임시 증명서) 도장을 받아서 출국을 할 수 있다. 이것은 영주권 카드와 같은 효력을 갖는다.
Ⓕ 한국에서 이민비자를 받고 미국에 입국 시 여권에 I-551 도장을 찍어준 다. 이것은 1년의 유효한 영주권 효력이 있다.
Ⓖ 외국 체류 중 영주권(I-485) 승인을 받으면, 영주권 카드를 전달

받아서 입국할 수도 있다.

2) 한국에 장기 체류와 재입국 허가서(Re-entry Permit) 신청

Ⓐ 6개월 이상 외국 체류 예상 시에는 출국 전에 재입국 허가서(Reentry Permit)를 신청하는 것이 좋다. 1년 이상 체류 예정이라면 반드시 신청해야 한다.

※ 재입국허가서 없이 1년 이상 외국에 체류하는 경우, 영주권을 포기한 것으로 간주한다. 그리고 6개월 이상 1년 미만의 경우, 영주권을 포기한것으로 추정한다.

Ⓑ 1년 이하의 외국 체류의 경우에는 Reentry Permit이 없이도 입국이 불가능한 것은 아니지만, Reentry Permit이 없으면 미국에 영주할 의도가 있다는 것을 보이기가 더 어려워, 입국심사에서 문제를 삼을 가능성이 높아진다.

Ⓒ 외국에 체류한 것이 유학, 재산 정리, 병치료, 친지 병간호, 미국 회사의 지사근무 등의 사유로 일시적인 것이고, 세금 신고 및 미국 내 재산 유지 등으로 미국과 계속 연결되어 있고 영주 의사가 있음을 보여야 한다(주택 소유 또는 rent, 은행 계좌, 신용카드, 전화번호, 자동차소유, 보험가입 등).

Ⓓ 처음 신청하면, 보통 2년 기간의 Reentry Permit을 받는다. 재신청 시 외국에서 신청할 수 없고, 일단 미국에 입국해서 신청해야 한다. 보통 다시 2년 기간을 승인받고, 그다음에 다시 신청하면 1년 기간으로 승인받는다.

Ⓔ Reentry Permit 신청 후 지문을 찍고 나면, 승인 전에 출국할 수 있다. 또는 Reentry Permit 신청 후 지문을 찍기 전에 바로 출국했다가, 지문(biometrics)을 찍으라는 통지서를 받고 이에 맞춰 다시 입국해서 지문을 찍어도 가능하다.

Ⓕ 1-2년 기간의 외국 체류: Reentry Permit이 없이 입국하면 원칙적으로 영주권이 자동 취소되므로, Reentry Permit이 반드시 필요하다. Reentry Permit의 유효기간은 2년이고 외국에서 연장 신청을 할 수 없으므로, 유효기간(2년)이 지나기 전에 입국해야 한다.

Ⓖ 1년 이상 외국 체류: Reentry Permit이 없거나 유효기간이 만료되었으면(Reentry Permit을 가지고 2년 이상 외국 체류 포함), 재입국을 위해서 미 대사관·영사관에서 Special Immigrant Returning Resident(SB-1) Visa를 받아야 한다. 그런데 특별한 사유가 있어야 한다.

3. 영주권자 세금(Tax)보고 및 해외금융자산 보고

시민권자, 영주권자는 설사 미국에 거주하지 않고 외국에 거주해도 해외에서 발생한 소득 및 해외에 있는 금융자산에 대하여 신고하여야 한다. 특히 해외에 거주하는 영주권자의 경우, 세금 보고는 미국 영주 의사가 있음을 밝히는 중요한 증거가 된다. 따라서 소득이 없어도 세금 보고를 하는 것이 좋다. 만약 장기간 외국에 체류한다면, 더욱더 세금 보고를 하여야 한다.

세금 보고 외에 영주권자는 외국 금융기관에 예치된 일정 금액 이상의 금융자산에 대해 신고해야 한다(부동산은 포함되지 않는다). 여기에는 FBAR(Report of Foreign Bank and Financial Account) 와 FATCA(Foreign Account Tax Compliance Act)의 두 가지가 있다.

1) FBAR(Report of Foreign Bank and Financial Account)

미국 외의 다른 나라에 일정액 이상의 '금융계좌(Financial Account)'를 보유하고 있는 미국 시민권자와 영주권자를 포함한 세법상 거주자는 세무신고와는 별도로, 이를 매년 6월 30일까지 재무성 서식(FinCEN Form 114)에 의해 '재무성(Department of Treasury)'에 신고해야 한다.

http://bsaefiling.fincen.treas.gov/main.html

신고대상 기준 금액은?

해외에 금융계좌를 보유하고 있는 자 중 '모든 금융계좌의 합'이 일년 중 어느 하루라도 $10,000을 초과하는 자가 신고대상이다. 따라서 개별 계좌별로는 $10,000에 미달하더라도 모든 계좌를 합한 금액이 $10,000을 초과하면, 비록 $10,000을 초과하지 않는 계좌라 하더라도 이를 신고해야 한다.

어떤 계좌를 신고하나?

재무성에 신고해야 하는 '금융계좌(Financial Account)'란 은행계좌(Bank Account: Savings Accounts, Checking Accounts, Time Deposits 등), 증

권계좌(Securities Accounts: Mutual Funds, Brokerage Accounts, Securities Derivatives 등) 등을 말한다. 따라서 개인이 소유하고 있는 현금이나 귀금속 등과 같은 동산(Personal Property)과 건물 등과 같은 부동산(Real Estate) 등은 신고대상이 아니다.

신고를 안 하면 무거운 가산세(Penalties)부과
만약 해외금융계좌를 규정에 따라 신고하지 않으면 형사상 범칙금 및 민사상 가산세(Penalties)가 부과될 수 있다.

2) FATCA(Foreign Account Tax Compliance Act)
FATCA규정은 크게 두 가지 내용으로 나눌 수 있다. 첫째는 해외금융자산(Foreign Financial Assets)을 보유한 납세자가 IRS에 금융자산을 신고해야 한다는 내용이며, 둘째는 해외금융기관이 미국 시민권자나 영주권자를 포함한 세법상 미국 거주자의 금융정보를 IRS에 직접 제공한다는 내용이다. 따라서 IRS는 납세자가 해외금융자산을 신고하지 않더라도 납세자의 해외 금융자산의 내역을 파악할 수 있다.

보고대상 기준금액은?
위의 첫 번째 규정에 따라 해외금융자산을 IRS에 신고해야 하는 자란 미국 시민권자, 영주권자를 포함한 세법상 거주자 중 해외금융자산이 다음의 표에서 정한 금액을 초과하는 자를 말한다. 따라서 H, L, E비자 소지자 중 Resident Alien이 된 사람도 이에 해당한다. 이때

H, L, E비자 소지자 중 미국 입국 당시에는 Nonresident Alien이었으나 연말에는 Resident Alien이 된 사람은 입국일 이후 금융자산을 기준으로 신고여부를 결정한다.

신고해야 할 금융자산은?

신고해야 할 금융자산(Financial Assets)은 해외금융계좌(Financial Account)와 금융계좌에 포함되지 않은 투자목적의 기타 금융자산, 예를 들어 주식·채권·스왑(Swap)·옵션(Option) 등 기타 파생상품(Derivatives)을 말한다. 다만, 위의 금융자산 중 다른 서식에 의해 이미 신고된 것(예를 들면, 주식을 Form5471에 의해 신고한 경우)은 이를 다시 Form 8938에 추가할 필요는 없다.

신고를 안 하면?

만약 신고하지 않으면 벌금을 물게 되며, 누락한 소득에 대해서는 40%(사기의 경우 75%)의 벌금을 내야 한다.

FBAR와의 관계

FATCA에 의해 IRS에 관련 금융자산을 신고했다 하여 FBAR에 의한 신고가 면제되는 것은 아니다. 예를 들어 해외금융계좌의 합이 $150,000이면, 그 합이 $10,000을 초과하므로 FBAR 규정에 의해 관련 계좌를 재무성에 신고해야 하며, 이때 FATCA규정에 의해 관련 계좌를 IRS에 신고했다 하여 FBAR규정에 의한 신고의무가 면제되는 것은 아니므로 6월 30일까지 관련계좌를 재무성에 별도로 신고해야 한다.

4. 영주권 취소

1) 영주권 신청 서류에 거짓이 발견되면, 나중에라도 영주권이 취소되고 추방될 수 있다. 정상적으로 영주권을 받은 후에라도, 영주권자가 범죄를 저지르면 영주권이 취소되고 추방될 수도 있다. 경범죄라도 부도덕한 범죄라면 문제가 될 수 있고, 음주운전도 여러 번 적발되거나 인명피해를 준 경우에는 문제가 될 수 있다.

2) 시민권을 받은 후에는, 범죄를 저질러도 시민권이 취소되지 않는다(단, 반역죄를 저지르거나 적군으로 활동, 또는 본국 군대 장교, 외국 고위 공무원 등이 되면 취소될 수 있음). 영주권·시민권 신청 과정에서 위조서류나 거짓말이 있었을 경우, 나중에라도 이것이 발견되면, 원인 무효로서 이미 주어진 영주권·시민권이 취소될 수 있다.

5. 기타사항

1) 영주권 카드 휴대
영주권자는 영주권 카드를 항상 소지하고 다니게 되어 있다.

2) 주소 변경 신고
영주권자는 이사를 하면 다른 비이민자와 마찬가지로 Form

AR-11로 주소변경 신고를 해야 한다.

3) 영주권 카드 유효기간 10년

만료되기 전에 카드를 갱신해야 한다(Form I-90 신청). 영주권 카드의 유효기간이 만료해도 '영주권(Permanent Resident Status)' 자체가 없어지는 것은 아니다. 즉, 영주권자 신분은 계속 유지된다.

4) 가족의 영주권 초청

영주권자는 배우자, 미혼자녀를 영주권 초청할 수 있으나 부모, 형제, 기혼자녀는 안된다. 영주권을 받기 전에 결혼한 배우자는 Follow-to-Join으로 영주권을 빨리 받을 수 있다. 시민권자는 부모, 형제, 기혼자녀도 초청할 수 있다.

5) 시민권 신청 가능 기간

5년 후에 시민권 신청 가능하다. 미 시민권자의 배우자인 경우에는 3년 후 시민권 신청 가능하다(정확히는, 3개월 전부터 신청할 수 있음).

6. 시민권 신청

1) 시민권 신청 조건

Ⓐ 만18세 이상

신청일에 만18세 이상이어야 한다.

Ⓑ 도덕적으로 문제가 없어야 한다.

중범죄 또는 도덕적으로 문제가 되는 범죄를 저질렀으면 시민권이 거부될 수 있다. 그뿐만 아니라, 영주권이 취소되고 추방될 수도 있다. 반복된 음주운전 또는 인명 피해를 준 경우에는 문제가 될 수 있다. 체포된 경우에는 기소되지 않았거나 사면이 되었더라도 이를 밝혀야 한다. 그 체포 자체는 별 문제가 없는 것이더라도 밝히지 않으면 심사관에게 거짓말을 한 것이 되기 때문에 도리어 문제가 될 수 있다.

ⓒ 다음 세 가지 미국 내 거주 기간 조건을 모두 만족해야 한다.

(1) Continuous Residence(한 번에 6개월 또는 1년 이상 장기 외국 체류 없이 미국에 거주한 기간)

- 영주권자로서 5년 이상 미국에 거주. 또는 미국 시민권자의 배우자인 경우에는 영주권을 받고 3년 이상 함께 거주(영주권 카드에 찍힌 영주권 발급 날짜를 기준으로, 5년·3년 이후).
- 6개월 이하의 외국 여행을 여러 번 해도 계속 연속된 거주로 간주한다(1년 이하도 가능할 수 있음. 아래 설명 참조).
- 실제로는 3년·5년 조건을 만족하기 90일 전부터 시민권 신청을 할 수 있다. 단, 신청일 기준으로 아래 (2), (3) 조건을 이미 만족해야 한다.

(2) Physical Presence(미국 내 실제 체류 날짜의 합)

신청일 기준 최근 5년 동안 미국 내 실제 체류 날짜의 합이 30개월 이상. 또는 미국 시민권자와 결혼한 영주권자는 최근 3년 동안 18개월 이상 실제 체류(즉, 지난 5년·3년 중 2분의 1 이상).

(3) 현재 지역에서 3개월 이상 거주

시민권 신청 이전 3개월 이상 한 주(State)나 USCIS 행정구 내에 거주. 만일 타 주로 이사를 했으면, 3개월 이상 기다려야 한다. 이것은 Physical Presence를 뜻하는 것이 아니라 주생활 근거지(Residence)를 유지하라는 것으로, 최근에 일시적인 외국 여행을 했어도 괜찮다.

2) 외국 체류와 Continuous Residence

Ⓐ 한 번에 6개월 이하 외국 체류

Continuous Residence로 간주한다. 짧은 기간의 외국 여행을 여러번 해도, 미국에 '계속 거주'하면서 외국에 '여행'을 한 것으로 간주한다.

Ⓑ 한 번에 6개월 초과 – 1년 미만 외국 체류

Continuous Residence가 단절될 수도 있고 되지 않을 수도 있다. 외국에 체류한 것이 임시적·일시적·한시적인 것으로, 계속 미국 영주 의사를 가지고 있었다는 것을 보이면(예: Reentry Permit, 미국 세금 보고 계속, 주택 보유·모기지 납부 등), 계속 Continuous Residence로 간주할 수 있지만, 그렇지 못하면 Continuous Residence가 단절될 수 있다. 이러한 경우, 미국 귀국 후 다시 새로운 기간을 시작해야 한다.

Ⓒ 한 번에 1년 이상 외국 체류

Reentry Permit이 있더라도 Continuous Residence 중단된다.

- 출국 전에 미국 내 체류했던 기간은 없어지고, 미국 귀국 후 다시 새로운 기간을 시작해야 한다. 단, 2년 내에 귀국하면, 외국 체류 기간 중 364일(=1년-1일)까지는 Continuous Residence 계산에 더해 준다. 그러므로, 귀국 후 4년+1일이 지나면 Continuous Residence 5년 조건을 만족할 수 있다.
- 공무원, 군인, 종교·성직자, 연구, 국제기구, 미국 회사 파견 등 특별한 경우에는 Continuous Residence의 파기를 막기 위해 출국 전에 미리 Form N-470을 신청할 수 있다. 이것은 Continuous Residence 조건을 유지시켜 주는 것으로, Physical Presence를 유지시켜 주지는 않는다. 즉, 미국 회사 파견으로 N-470을 승인받아도, 실제로 미국에 체류한 날짜로 Physical Presence 조건을 만족해야 한다.
- 이것을 승인받아도 재입국을 위해 Reentry Permit이 필요하다. Reentry Permit이 없이 외국에 1년 이상 체류하면 영주권 자체가 취소되므로, 출국 전에 꼭 신청해야 한다(물론, Reentry Permit이 있다고 해서, 영주권 유지가 '보장'되는 것은 아니다).

3) 18세 미만 자녀의 시민권

만18세 미만의 자녀는 단독으로 시민권 신청을 할 수 없는 대신, 부모 중 한 명이라도 시민권을 받으면, 그 부모와 함께 살고 있고 영주권자인 18세 미만 자녀는 아무것도 신청하지 않아도 된다(즉, 시민권 증서나 미국 여권을 신청하지 않아도 됨).

4) 시민권자 · 영주권자의 외국 출생 자녀

Ⓐ 출생에 의한 시민권(Citizenship by Birth)

- 부모 두 명 모두 시민권자이고, 부모 중 한 명이 아이가 태어나기 전에 미국에 하루라도 거주했으면, 아이가 출생 시에 시민권자가 된다.
- 부모 한 명이 미 시민권자이고, 다른 한 명은 시민권자가 아닐 경우, 미 시민권자 부모가 아이가 태어나기 전에 미국에 총5년 이상(14세 이후 2년 이상) 체류 (Physically Presence)했으면, 아이가 출생 시에 시민권자가 된다. 또, 이외 다른 경우들도 있다.
- 만약 부모가 미국 시민권자이지만 미국 거주 기간을 만족시키지 못했으면, 외국에서 태어난 자녀는 출생과 동시에 자동으로 미국 시민이 되지 않으므로, 일단 시민권자의 자녀로서 이민 비자(영주권)를 신청한다. 이 18세 미만의 자녀가 미 대사관 · 영사관에서 이민 비자를 받아서, 미국에 입국하여(즉, 영주권자로 입국하여) 시민권자 부모(중 한 명)와 같이 미국에서 거주하면, 따로 시민권을 신청하지 않아도 자동으로 시민권자가 된다. 즉, 입국 심사대에서 영주권자로서 입국 도장을 받으면, 영주권자가 되는 동시에 바로 자동으로 시민권자가 된다.

Ⓑ 영주권자의 외국 출생 자녀

아이 출생 후 2년 이내에 미국 입국, 첫번째 입국 때 Transportation Letter를 받아서 영주권자 부모 중 한 명과 같이 입국하면, 아이가 영주권을 받는다.